创世神话与中华文明探源

毕旭玲——著

上海人民出版社

目　录

导　言

习近平总书记在文化传承发展座谈会上强调："中国文化源远流长，中华文明博大精深。只有全面深入了解中华文明的历史，才能更有效地推动中华优秀传统文化创造性转化、创新性发展，更有力地推进中国特色社会主义文化建设，建设中华民族现代文明。"中华文明探源工程自21世纪初启动以来，已取得诸多令人瞩目的成果，展现了中华文明的独特性及其灿烂遗产，在提升当代中国人的文化自信，推进中国特色社会主义文化建设等方面发挥了重要价值。中华文明探源工程涉及考古学、历史学和相关自然科学在内的20多个学科，神话学也有幸参与其中，在打造中国特色话语体系，探寻中华民族崛起的文明密码方面具有特殊价值。

但神话学参与中华文明探源工程的程度还不够深广，迄今为止该工程主要成果的形成还大多依靠考古研究，所得出的重要论断也主要来自考古发现，明显存在"轻视文明起源的人文要素的倾向"[1]。本书认为，应该重视

---

[1]　田兆元:《"中国神话谱系"与"中华文明探源"精神本体研究》,《文化遗产》2022年第5期。

中华创世神话在中华早期文明探索中的重要价值，因为"神话是人文的第一缕曙光，是文化的源头。举凡宗教信仰、历史传统、禁忌法律、社会规范以及艺术审美等，所有社会群体文化认同的核心问题，都是来源于神话，来源于以神话为核心的文化体系"[1]。

习近平总书记在中央政治局第三十九次集体学习时强调："中华文明源远流长、博大精深，是中华民族独特的精神标识，是当代中国文化的根基，是维系全世界华人的精神纽带，也是中国文化创新的宝藏。"与考古学或其他学科相比，神话学的研究更可以揭示中华文明起源过程中形成的精神本体，正如习近平总书记在第十三届全国人民代表大会第一次会议上所指出的那样："盘古开天、女娲补天、伏羲画卦、神农尝草、夸父追日、精卫填海、愚公移山等我国古代神话深刻反映了中国人民勇于追求和实现梦想的执着精神。"因此，中华创世神话研究应该是中华文明探源的核心问题之一。

需要说明的是，创世神话与原始神话不同，它是最高级的神话形式，是在文明社会中形成的关于社会理想

---

[1] 田兆元：《"中国神话谱系"与"中华文明探源"精神本体研究》，《文化遗产》2022年第5期。

和生活传统的总结与展望，因此具有重要的文化承启意义，且具有内部自我认同与外部文明传播的功能。为了说明这一点，让我们简单回顾一下创世神话在国家文明产生初期的传承史。

与我们今日将夏商周视为前后相继的三个王朝不同，夏商周曾以早期部族的形式在同一时空范围内同时存在过。夏启建国时，商族和周族都是夏王治下的重要族群，两族首领分别担任过夏朝的水官和农官。商汤伐夏后，失去政权的夏王后裔被封到杞地，成为杞人。商王武丁时期，周族臣服于商朝。武王克殷后，封禹的后人东楼公于杞，并将商王后裔封于宋地，周时的杞国和宋国分别是古老的夏王与商王的遗裔。灭国而不灭祀，允许亡国之君的后人保留一块土地继续祭祀他们的祖先，这种做法的根本目的在于通过祖先神话的继承使诸侯伐天子的"逆取"行为合法化。商人曾将其始祖神帝喾树立为最高神上帝，武王伐纣后，周人建构了帝喾四子神话，讲述了帝喾正妃姜原生周始祖后稷，次妃简狄生商始祖契的神话，不仅将周人也建构为帝喾的后代，且赋予周始祖嫡子身份，强调了周代商的合法性。

商汤伐夏桀后，为证明统治的合法性，也曾继承过夏祖的神话与信仰。比如《诗经·长发》是殷商后裔祭祀先祖的乐歌，乐歌的第一部分却歌颂了夏祖大禹的功绩。又如商代以夏社为商社。夏社是夏人祭神的宗庙祭坛，古人常将社视为国家象征，有"江山社稷"一词。商朝沿用夏社象征着商对夏文化传统的继承，后来代商的周也沿用了夏社。虽然早期中国进入文明社会以后经历了夏商周三朝的更替，但通过对前朝神话与信仰的继承，夏商周实现了思想文化上的一体化，中华早期文明传统由此得到了延续、巩固与深化，而在此过程中扮演重要角色的创世神话也实质上成了国家叙事。

同时，祖先神们的文化英雄身份和事迹也因夏商周时期文化技术的迅速发展而得到了强化，反复被讲述的此方面神话比如造车神话将黄帝塑造发明交通工具的文化英雄，作旒冕叙事又将他塑造为发明服饰的文化英雄。祖先神身兼文化英雄叙事的产生，是早期中国重视文化科技的表现，而文化科技的发展无疑能为民众创造更美好的生活，因此大量文化英雄叙事中寄托着先民对美好生活的强烈向往。在作为国家叙事传承传播的过程中，创世神话所表达的向往也逐渐成为早期中国人的集体认同，成为民族理想。

当然，中华创世神话所表达的民族理想是多方面的，有些神话表达了政治理想，比如孔子从帝尧选贤与能、尧舜禅让等神话中总结出"天下为公"的大同社会；有些神话表达了生命安全理想，比如神农辨尝百草神话诞生于瘟疫肆虐的早期社会，反映了先民探索医药的艰难历程，表现了先民努力求生的顽强意志和对生命安全的强烈渴望；有些神话表达了探索自然的理想，比如夸父追日神话诞生于观测太阳运行轨迹的早期探索中，反映了先民为掌握太阳运行规律而付出的巨大努力，表现了先民对自然知识的无限渴望和征服宇宙的远大理想。

夏商周相继的神话传统在秦汉时期也得到了延续，并且客观上促进了秦汉大一统帝国的产生与发展，同时也在各族群的深入交融中推动了民族精神的凝聚。

秦始皇建立的王朝是中国历史上第一个大一统帝国，由于郡县制的推行，王权得到了前所未有的加强，但也因破坏了分封制而遭到了四面八方的激烈反抗。对此，秦始皇不仅采取了众所周知的军事镇压、焚书坑儒等措施，也遵循了神话与信仰传统，试图从族群和文化心理上进行安抚。相传，秦始皇曾在九嶷山遥祭帝舜，又亲自登上会稽山祭祀大禹，这些行为与秦始祖神话密切相关。中华创世神话诸神大约在先秦时期被各诸侯分别认作祖先神，秦王将五帝之一的颛顼奉为祖先。相传，颛顼有一位女性后代名为女脩，女脩吃了一颗从天而降的玄鸟蛋后生下儿子大业。大业生子大费，就是秦始祖。大费又名伯益，因辅佐大禹治水有功而被赐姓嬴。《大戴礼》《史记》等文献记录了舜、禹皆为颛顼后代的神话，也就是说，舜、禹、秦始祖大费有相同的祖先，由此，秦始皇就与舜、禹产生了或近或远的血缘关系。因夏商周三代都将夏祖大禹奉为祖先神，秦始皇对舜、禹的祭祀本质上就是通过传承神话传统寻求文化认同的行为。

虽然秦始皇的努力并未奏效，但他颁布的书同文、车同轨、统一度量衡等政令促进了各地、各族之间的交流与融合，为大一统的汉帝国的诞生奠定了基础。从刘邦到刘彻，西汉政权其实并不安稳，不仅北有匈奴，南部也有曾起过异心，如与七国之乱的祸首吴王刘濞勾结的百越。虽然武帝北征匈奴，南伐百越，从军事上完成了肃清北部边境与统一东南沿海的重任，但大一统的帝国更需要大一统的主体精神，使各地、各族民众都能找到归属感。五帝神话在促进民族融合，建构民族主体精神方面起到了不能忽视的重要作用。司马迁的《史记·五帝本纪》是综合五帝神话的文献记录与口头叙事的集大成之作，既是对先秦五帝神话传统的继承，也是对中华民族发展史的重新审视和文明源头的建构。将黄帝、颛顼、帝喾、尧、舜确立为中华历史的起点，虽是司马迁出于极强的民族与国家意识的建构，但也具有相当深广的历史基础与群众基础。

西汉是中华民族发展史上的关键时期，汉族于此时由早期族群融合而成，以汉族为主体的中华民族多元一体格局也在此时奠定。民族的形成有诸多标志，包括民族精神的凝聚，而在早期族群融合发展过程中逐步形成的创世神话叙事，成为表达和传承民族精神的最重要工具。中华创世神话所表达的民族精神的内涵是多方面的，如女娲补天、燧人取火等神话集中体现了自强不息、刚健有为的精神，尧舜以德治国、选贤禅让等神话集中体现了厚德载物、止于至善的精神，后羿射日、大禹治水等神话集中体现了忧国忧民的爱国主义精神。这些传统精神内涵与科学社会主义价值观具有内在的一致性，具有如何估量都不为过的时代价值与现实价值。

可见，中华创世神话不仅对自然和人类起源进行了解释，也对早期社会关系的产生进行了追溯，并对国家的产生和治理规则进行了建构，最终成为民族自我认同的核心文化符号，成为中华文明精神性、符号化和思维模式的源头，是中华文明探源的重要研究对象。

可惜的是，长期以来对中华创世神话的忽视影响了我们对中华优秀传统文化和中华文明部分特质的正确认知。对马克思主义基本原理和中华优秀传统文化的结合，习近平总书记在文化传承发展座谈会上曾指出："'结合'的前提是彼此契合。马克思主义和中华优秀传统文化来源不同，但彼此存在高度的契合性。相互契合才能有机结合。"众所周知，重视创新是马克思主义哲学的显著特点之一，其实它同样也是中华优秀传统文化的主要特点。总书记强调说："中华文明具有突出的创新性，从根本上决定了中华民族守正不守旧、尊古不复古的进取精神，决定了中华民族不惧新挑战、勇于接受新事物的无畏品格。"女娲神话讲述的制陶与冶金技术的发生，女娲伏羲神话讲述的婚姻制度的诞生，燧人氏神话讲述的早期天文观测技术和人工取火技术的发明，神农氏神话讲述的中草药的发现等等，说明制度创新是中华文明的长处，科技创新是中华文明的传统。可以说，创新性是中华优秀传统文化和马克思主义基本原理彼此契合的重点之一。

　　为了帮助读者更好地了解中华创世神话，本书按照神话叙事的时间顺序，选取了十则在中华物质文明、精神文明和制度文明发展史上曾产生过重要影响的创世神话，以展示中华创世神话如何影响，甚至在某种程度上形塑中华文明的过程。

盘古开天辟地

与天人合一的哲学思考

盘古像

盘古半身像，明代版画，《新刻历代圣贤像赞》插图

———————

盘古神话是中华先民为追寻宇宙起源、世界产生的奥秘而创造，先民借此形成了最初的宇宙观和世界观。盘古于混沌中孕育，首创天地且身化万物的叙事体现了中华民族对人与自然关系的独特哲学思考——天人合一。天人合一的观念蕴含着中华文明的生存理念，表达了人与自然和谐共生的理想追求，在今天仍然具有重要价值。"人与自然和谐共生"也是党的二十大报告阐述的中国式现代化的五大特征之一。

一

每个古老民族都曾思考过宇宙起源与世界发生问题。比如古希伯来人认为世界是由上帝耶和华创造的。作为一支古老的游牧部族，古希伯来人曾生活于美索不达米亚，后在其领袖亚伯拉罕和雅各的率领下，先后南迁至今巴勒斯坦地区和埃及尼罗河三角洲地区。上帝耶和华信仰正产生于古希伯来人辗转迁徙的过程中。《旧约圣经》记录了古希伯来人口耳相传的上帝创造世界神话，上帝用语言便完成了这件伟业。第一日，上帝说要有光，光就出现了；第二日，上帝说要有苍穹，把水上下分开，苍穹就出现了；第三日，上帝说陆地上要生长各类植物，植物便长出来了；第四日，上帝说要有光体来区分昼夜，划定节令，于是便有了太阳和月亮；第五日，上帝说水里要有动物，天上要有飞鸟，于是鱼类和鸟类就产生了；第六日，上帝说大地上要生出活物来，牲畜、野兽和昆虫就这样产生了。上帝还按照自己的形象造人，让他们管理活物。古希伯来人的神话将上帝塑造为独立于世界之外的神，创世只是上帝的举手之劳，几乎不费吹灰之力。

相比较而言，中国神话中的盘古创造世界叙事内容更丰富、叙事主题更宏大，可以分为两大部分：盘古开天地和盘古造万物。

《艺文类聚》引《三五历记》这样讲述盘古开天地的神话：最初的时候，宇宙只是一团混沌之气，外形仿若一个鸡蛋，盘古就在这团混沌中孕育。经过一万八千年，天地有了分野。阳气清，上升为天；阴气浊，下沉为地。盘古在天地间生长，每日发生数种变化，智慧超过了天，能力超过了地。天每日加高一丈，地每日增厚一丈，盘古每日增长一丈。这样又经过了一万八千年，天极高了，地极深了，盘古也成了一个顶天立地的巨人，这以后才有了三皇。

《绎史》引《五运历年记》这样讲述盘古造万物的神话：始祖盘古临死的时候，身躯化成了万物。他口中呼出的气化成了风和云，发出的声音化成了雷霆，左眼化成了太阳，右眼化成了月亮，四肢和头化成了东、西、南、北四极和三山五岳，血液化成了江河，筋脉化成了道路，肌肉化成了良田，头发胡须化成了星辰，皮肤和毛发化成了草木，牙齿和骨头化成了金属和岩石，精气和骨髓化成珍珠和美玉，汗水化成了滋润万物的雨露甘霖。寄生在身上的各种小虫，受了暖风的吹拂，也变成了生活在大地上的万千生灵。从天体、山川、田地到草木、矿石和雨水，盘古以身躯化作万物，终于完成了创造世界的伟大功业。

盘古与耶和华最大的区别在于一个是人，一个是神。

几乎所有记录盘古神话的古代文献都将盘古视为始祖而非神，将他称为"盘古氏"（《述异记》）、"盘古之君"（《广博物志》）、"首生盘古"（《绎史》），直到今天我们也将盘古称为"始祖神"，是因被世代崇奉而神化了的始祖。人类的神灵信仰大体经历了从原始泛灵论到不成体系的民间信仰再到成熟系统的宗教信仰的发展历程，耶和华作为古希伯来人崇奉的唯一真神的叙事是古希伯来人的神灵信仰已较为成熟的反映；而盘古神话诞生的时候，华夏先民的神灵信仰还较为原始，未有成熟的宗教信仰，否则担任开天地和造万物重任的就应该是某位大神而非会死去的盘古了。这种对比至少说明盘古神话的古老性。

在耶和华神话中，天地与万物是在同一阶段中被创造出来的，而盘古神话很明显被分为开天地与造万物两个阶段，其开天地叙事还特别强调了天地形成的发展变化过程：首先是如鸡蛋一般的一团混沌，由于孕育了盘古而出现天与地的分野，当盘古日渐长大，天和地也日渐增高、增厚，经过三万六千年的演化，天地及天地之间的空间才稳定下来。这段叙事其实是中华先民对宇宙起源的最初猜想，充满了朴素的历史唯物主义思想，且与当代宇宙大爆炸理论有惊人的相似之处。

宇宙大爆炸理论认为：最初的宇宙是一个致密的物质核——奇点，奇点处没有时间和空间，且温度极高。大约距今150亿年前，奇点发生了巨大的爆炸。大爆炸后物质开始不断膨胀，产生了时间、空间，逐渐生成了今天我们看到的宇宙。致密奇点与宇宙膨胀是宇宙大爆炸理论的两个重要理论支撑，也就是说，宇宙起源于一个点，形成于物质的不断膨胀。这与盘古开天地神话中的混沌如鸡子的原始宇宙和天地分化增长过程何其相似？

宇宙大爆炸理论提出于科技已经比较发达的20世纪，且前后经过许多科学家的探索，其中的一些科学家，如美国人彭齐亚斯和威尔逊，还因此获得了诺贝尔物理学奖，该理论才由此成为最有影响的宇宙形成论。但早在宇宙大爆炸理论提出的数千年甚至上万年之前，在早期华夏先民中就已经流传着与大爆炸理论高度相似的，以盘古开天地神话为代表的宇宙发生叙事。这种相似性让我们为祖先的智慧感到无上光荣和自豪。

耶和华创造世界的叙事主要表达了对神力的赞颂，而盘古创造世界的叙事则体现了对牺牲精神的歌颂。在盘古创世神话中，除天地是由阴阳二气升降形成的之外，世界上的山川、草木、河流以及万千生灵都是盘古身躯所化。可以说，盘古因牺牲自己才成就了世界。牺牲叙事在阐述世界产生问题的盘古创世神话中的出现，说明华夏先民早已广泛认可了牺牲这种利他行为。在其后漫长的民族发展史上，无数先民的自我牺牲行为保证了种的繁衍，推动了社会发展，并最终被凝练为中华民族的最高道德理想——牺牲精神。

今天大众最熟悉的盘古神话叙事是"盘古开天辟地"，提到它似乎脑海中同时还会浮现出手持斧凿的盘古形象。实际上早期盘古神话只能称之为"天地开辟的盘古神话"，而不能称为"盘古开天辟地神话"，因为神话中的天地是由阳、阴二气自行上升下降而成，并非盘古所开辟。但在神话不断流传的过程中，盘古逐渐被塑造为主动开天辟地之人。比如明代后期一部白话历史演义小说《开辟衍绎通俗志传》以当时流传的神话传说建构了从盘古开天辟地到周武王吊民伐罪的早期历史，其中就将盘古塑造为手持斧凿的劈天开地之祖："盘古将身一伸，天即渐高，地便坠下。而天地更有相连者，左手执凿，右手持斧，或用斧劈，或以凿开。自是神力，久而天地乃分。二气升降，清者上为天，浊者下为地，自是混沌开矣。"盘古如何开辟天地呢？他首先用身体撑开了天地，然后以斧凿为工具，将天地相连的地方断开。盘古神话中天地从自然分离到人力开辟的转变特别值得重

盘古开天辟地，明代版画，周游《开辟演义》插图

视，这种变化应该是古人意识到人类的劳动可以极大地改造自然之后发生的，是人类自我力量不断觉醒的表现，因此直到今天被广泛认同的还是盘古开天辟地的叙事。

二

盘古神话是中华创世神话中被质疑最多的，直到今日还有不少学者认为盘古神话不能被列入中华创世神话，认为它或是南方少数民族地区的盘瓠神话流入中原以后

产生的变异叙事，或是由域外传入中国的外国圣王叙事。这是真的吗？当然不是。

根据传为姜子牙所作的兵书《六韬》记载：从原始社会开始，先民就将盘古视为开天辟地的大神，并以隆重的礼仪祭祀他。夏朝建立以后，盘古进入国家祭祀行列，且位列众祖先之首，商朝建立后依然沿袭了这种祭祀制度。周族取代商族之后，有人提出想更换国家祭祀仪式中的盘古大神，召公劝文王说：盘古为万祖之宗，要想社会安宁、政权稳定，必须始终不渝地敬奉盘古。可见，盘古和盘古神话在早期中国就具有崇高地位。

至少在战国时期，盘古神话对宇宙发生过程的解释已成为广泛传播的常识。比如屈原在《天问》中对宇宙起源的追问就是以盘古神话为知识背景而展开的："曰：遂古之初，谁传道之？上下未形，何由考之？冥昭瞢暗，谁能极之？冯翼惟像，何以识之？明明暗暗，惟时何为？阴阳参合，何本何化？"远古之初，谁将这些事传下来？天地尚未形成时，从哪里入手探究？一片混沌中，谁探究了原因？昼夜不分之时，如何辨识时间？白天光明夜晚黑暗，为什么这样安排？阴气阳气参合演变，哪里是本体哪里是衍生？这些问题显然与盘古开天地神话对宇宙起源过程的描述如出一辙。《天问》本质上是一首创世神话长诗，其中包含着许多今日已无法解读的神话信息。但对今人无解，并不意味着对古人也无解。与今人将神话视为文学、消遣或"迷信"不同，古人曾将神话叙事作为真实的历史和可靠的知识来对待。盘古神话中对于宇宙发生过程的描述大约就是曾获得广泛认同的早期宇宙知识。《天问》写作时，这些以神话为传播载体的宇宙知识属于常识范畴，所以诗人不用解释就可以直接提出问题，当时的读者完全可以明白诗中之意。

到了西汉，景帝之子鲁恭王在今山东曲阜建造了一座庞大辉煌的宫殿——灵光殿。宫殿不仅有着雄伟的外观和豪华的装饰，殿内墙壁上还摹绘了中华创世神话系列图像。东汉辞赋家王延寿参观灵光殿后作了一篇大赋——《鲁灵光殿赋》，记录了壁画内容，其首图便是"上纪开辟，遂古之初"的盘古神话图像，说明盘古神话也是汉人心目中的中华创世神话源头。

盘古神话在中华各地不断传承传播，到了南朝，任昉出于对盘古神话的兴趣，在《述异记》中曾统计过当时流传的五种不同的盘古身化万物叙事。一种是秦汉时期流传在民间的盘古叙事，主要讲述了盘古临终时身化

盘古图，北宋，传为王诜（公元约 1048 年—公元约 1104 年）遗作。
此处盘古手持两个发光体，眉眼含笑，俯身下看

五岳的神话：头化为东岳，肚腹化为中岳，左臂化为南
岳，右臂化为北岳，脚化为西岳；一种是秦汉以前记录
在儒家文献中的盘古文本，主要讲述了盘古临终时泪水
化为江河，呼吸化为风，声音化为雷，眼眸化为电的神
话；一种是秦汉以前口头流传的盘古叙事，主要讲述了
盘古身与自然融为一体，他欢喜时天空放晴，愤怒时天
气转阴的神话；一种是流传于南方吴楚之地的口传盘古

神话，其主角是盘古夫妻，且被认为是阴阳之始；一种是南朝流传的盘古神话，讲述了后人将盘古追葬于南海，并在桂林郡建祠奉祀之事，当地还有以盘古为姓的族群。

此后一直到清代，盘古神话作为中华创世神话源头的认同不断在传承中得到巩固。到了晚清，一位广西籍的学者苏时学提出"盘古乃盘瓠之音转"（《爻山笔话》）的观点，首次对盘古神话作为中华创世神话源头的合法性提出了质疑。苏时学提出质疑的原因之一与他的籍贯相关。苏时学是广西人，而广西既是将盘瓠视为祖先的壮族、苗族、瑶族等少数民族集中分布的地区，也保留了诸多盘古祠庙，盘瓠神话与盘古神话的口头叙事在广西各地广为流传，加之盘瓠、盘古发音相似，作为广西人的苏时学可能出于地方自豪感，提出了"盘古"为"盘瓠"音转的看法。另外一个原因大约与秦以前盘古文献的散失有关。秦始皇建立起中央集权的专制制度后，为了巩固统治而进行了统一思想文化的行动，不仅"焚诗书、坑术士"，还颁布"挟书令"，对民间私藏禁书者治罪。这些极端措施对秦以前中华思想文化的打击是多方面的，比如造成了先秦到汉代神话文献传承的断裂，因此后人看到的盘古神话文献很少而产生了错误判断。

虽然盘古、盘瓠发音相近，但盘瓠神话的内容与盘古神话相距甚远。根据《搜神记》，盘瓠神话讲述了这样的内容：上古帝喾之妇耳内挑出一条虫，此虫被置于一个葫芦瓢里，还用盘子覆盖。不久，虫化成了一条长着五色皮毛的狗，取名为盘瓠。时逢犬吴作乱，帝喾昭告天下，能得犬吴首领头颅者将给予重奖，且将帝女许配给他。盘瓠潜入敌营，口衔犬吴首领头颅而返。帝喾不愿兑现承诺，帝女认为失信不祥，自请下嫁盘瓠，后与盘瓠生下六子六女，成为蛮夷的祖先。很明显，盘瓠神话是民族起源神话，解决的是族群认同的问题，而盘古神话是先民对于宇宙起源、世界发生的猜想，解决的是最根本的宇宙观、世界观的问题。如果分析神话源流，恐怕答案应当是盘古神话为源，盘瓠神话为流。

与苏时学质疑盘古神话差不多同一时期，西方学者也提出盘古是域外来客的观点。比如法国的哥必诺称：中国神话中的盘古是印度民族迁入中国河南时的酋长，是白种民族的人格化表现。很多中国学者受此影响，纷纷提出自己的盘古西来说。屠孝实提出盘古神话来自印度诗歌集《梨俱吠陀》；吕思勉认为盘古神话来自印度佛教经典；丁谦、黄节、刘师培等人甚至认为中国人是古巴比伦人越过中亚、帕米尔高原，沿黄河流域进入中原后繁衍的后裔，盘古就是古巴比伦人迁徙到中国的"始迁祖"。我们当然要批判这些经不起推敲的比附，但也应该看到这些谬论背后的客观历史原因，它们的产生与近现代知识分子企图借助西方文化与社会发展的先进经验以挽救陷入衰亡的旧中国有关。

三

现存最早记录整理盘古神话的文献出自徐整。徐整是三国时期豫章郡（今属江西）人，在东吴担任过太常卿，东吴灭亡后入仕西晋，是颇有些名气的儒学家、史学家和天文学家。他的著作包括《毛诗谱》《豫章烈士传》《豫章旧志》《长历》等，其中记录盘古开天地神话部分的文献题为《三五历纪》（又称《长历》），记录盘古化万物神话部分的文献题为《五运历年纪》（又名《帝王五运历年纪》《浑天帝王五运历年纪》）。从题目上看，《三五历纪》与《五运历年纪》都是讲述上古神话与历史的著作，其中《五运历年纪》应用了五行、五方之气运动的理论加以佐证和推演，即"五运"。但这两部作品并非单纯的神话或历史著作，从标题中的"历"字来看，还包含有天文、历法的内容。比如元末陶宗仪在笔记丛书《说郛》中转引了《三五历纪》的内容，在描述盘古开天地、化万物神话之外，还记录了日月视径大小、星辰分类、北斗七星间距等天文知识。

但《三五历纪》《五运历年纪》并非最早记录盘古神话的文献，前述《述异记》中有"先儒说"，说明作者任昉曾看到过先秦之前写就并传至南朝的盘古神话文献，或见过相关转载、评论等。但《三五历纪》《五运历年纪》也早已失传，仅因《艺文类聚》《太平御览》《事物纪原》《广博物志》《绎史》等文献的转载而得到部分保存。值得注意的是，《事物纪原》《广博物志》所引《五运历年纪》的内容中都包含对盘古外貌特征的描述——"龙首蛇身"。龙首蛇身是中华创世神话中早期始祖神的共同外貌特征之一，除了文献描述之外，各地出土的汉画像石中的伏羲、女娲等都是蛇身形象，这种形象也能证明盘古神话的古老性。

太常卿是主管宗庙祭祀、礼乐教育的官职，作为太常卿的徐整，一定非常熟悉历代祭祀祖先神的仪式，非常了解世代相传的祖先神叙事，因此他将盘古作为中华文化的源头、上古帝王之始记录于著作中，并非出于独出心裁的建构，而是沿袭传统的做法。盘古神话叙事经过长期积淀，又由博学多识的徐整整理，不仅文字优美，更体现了中华民族从幼年时期就产生的独有哲学思考——天人合一。

"天人合一"是中国古代哲学对于人与自然关系的经典命题，意为人与自然本质上是相通的，所以人事应顺乎自然规律，达到二者间的和谐。"天人合一"观念从模糊产生到清晰概括一定经历了很长时间的发展，我们从盘古与升降为天地的阴阳二气共同孕育于"鸡子"中的情节，从盘古临终之时身躯化为世间万物的情节中能够体会到早期先民对自然的依赖，他们衣食住行的材料无一不是从自然界中取得，自然界中的动植物养活了先民，自然灾害也能轻易夺走他们的生命，而逝去的先民也大多采用土葬的方式融入自然。可以说，人既来源于自然，又最终复归自然，这种生命观正是盘古神话所表达的人与自然本为一体的朴素的"天人合一"观念产生的根本原因。至今在一些盘古崇拜盛行的地区，民众依然将自然万物等同于盘古，往往认为盘古高兴时天就会晴，盘古生气发怒时天就变阴。

"天人合一"命题对中国社会和历史发展产生过根本

性的影响，"天人感应""天人相应"等观念都是在"天人合一"基础上发展而来的，而"天人合一"观念的神话根源正是盘古创世神话。盘古创世神话中相关情节的出现，说明朴素的"天人合一"观念在原始社会时期已经酝酿，盘古神话的传播传承也促进了早期"天人合一"观念的成熟，并在先秦时期得到了初步的提炼与表达，比如《庄子·齐物论》载："天地与我并生，而万物与我为一。"西汉大学者董仲舒被认为是第一个对"天人合一"观念进行明确概括之人，即"天人之际，合二为一"。他在《春秋繁露》中解释说：人秉受天命，是天地精华的所在。万物的毛病是不能行仁义，只有人能行仁义；万物的毛病是不能与天地为偶，只有人能与天地为偶。人有三百六十个关节，与上天之数（甲子历的一年是三百六十日）相吻合；人的身体骨肉，与大地的厚度相配；人上有耳目能听能视，如同天空有太阳与月亮一样；人的身体有孔窍脉理，如同大地有河川山谷；人有喜怒哀乐，如同大地的神气一般。这些阐述是否与盘古化身万物的神话情节非常相似？显然是受到了盘古神话叙事的影响。

阴阳概念的产生发展也与"天人合一"观念密切相

盘古图（局部）。天地开辟之后，宇宙万物有序地开展生活，各个山头上亦注有各始祖神的名字

关。董仲舒在《春秋繁露》中解释说：天有阴阳，人也有阴阳，天地阴气升起的时候，人体的阴气也随之升起；人体阴气升起的时候，天地的阴气也相应而起。道理是相同的。也就是说，天地的阴阳之气会影响人的身体和德行，人的身体和德行也会引起天地阴阳之气的变化。阴阳的概念，也在盘古神话中较早出现了，神话讲述说天是阳清之气上升而形成，地是阴浊之气下降而形成，其中出现了三对相反的概念：阴阳、清浊、天地。这三对概念在盘古神话中并非完全对立，而是在某些条件下可以统一，比如阴阳二气曾共同孕育，后虽分化为天和地，但也一起构成最初也是最重要的世界组成部分。盘古神话中这种对立概念在某些条件下可以统一的认知便是原始的二元对立统一观念，阴阳作为中华传统文化中最基本的一对概念，正是从对原始二元对立统一观念的

理论抽象中得出来的。什么是阴阳？马王堆帛书《黄帝十六经·观》说："无晦无明，未有阴阳。阴阳未定，吾未有以名。今始判为两，分为阴阳，离为四（时）。"老子《道德经》第四十二章也说："万物负阴而抱阳，冲气以为和。"可见，阴阳是宇宙诞生之初产生的两个基本范畴，或者干脆就是宇宙构成的两种基本元素。阴阳观念是先民在对太阳运行所产生的昼与夜，气候变化产生的寒与暑，人的生命发展所经历的生与死等现象观察的基础上总结出来的。这些都是自然现象，因此对阴阳概念的抽象其实也可以视为对"天人合一"观念的应用。而对阴与阳之间辩证关系（如昼夜交替、寒来暑往）的发现则代表了朴素的辩证哲学的发生。

天人合一的观念建立在对人与天地万物一体同源的体悟之上，其中蕴含着人与自然万物共生共存的生命共同体意识，从而把天地人统一起来，把自然生态同人类文明联系起米。同时，天人合一观念还强调人对于自然万物的责任和义务，认为人类应当善待自然，维护人与自然之间的平衡，实现人与自然和谐共生。我们应该从古老的天人合一观念中汲取中华智慧，推动建设人与自然和谐共生的现代化。

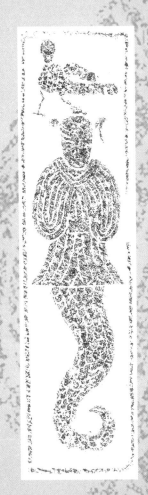

女娲造人补天
与勇于探索的科技观念

女娲像，东汉画像石拓片，安徽萧县出土

————

女娲是中华创世神话中最伟大的女神，相传她创造了人类，并以炼石补天挽救了陷入生存困境中的人类，从而书写了壮丽的生命诗篇。生命神话之外，女娲神话其实也记录了先民的早期科技探索，是重要的科技神话。众所周知，科技是一个国家和民族迈向繁荣发展的重要动力和引擎，科技现代化是中国式现代化的重要组成部分。中国的科技现代化吸收了传统科技观念和思想的影响，呈现出鲜明的中国特点，结合挽救民众而勇补苍天的女娲神话来看，中国的科技现代化是为人民、为民族、为国家的科技现代化。

一

造人是女娲神话的核心叙事之一，该神话主要为先民解答了人从哪里来的疑问。世界其他古老民族也创作过造人神话，中西不同的造人神话既有相同点，更有差异。

古希伯来人认为是耶和华创造了人类。耶和华用地上的红土造出人的形象，并将生气吹在他的鼻孔里，他就成了有灵的活人，被命名为亚当。耶和华将亚当安置在伊甸园中，又用他的肋骨造了第一个女人，命名为夏娃。"亚当"（Adam）一词起源于古希伯来语，本义为"来自红土"。

在古希腊神话中，造人是由普罗米修斯完成的。普罗米修斯知道泥土中孕育着天神的种子，便用河水调和泥土，按照神的模样塑造了人的形象，又把善恶两种性格封锁在泥人中。智慧女神雅典娜向泥人吹入神气，泥人便有了灵性，成为活生生的人。

中国认同度最高的造人神话是女娲抟土造人叙事，神话讲述说：天地开辟之初，大地上没有人类，女娲用黄土捏出了最早的人。《天问》中有"女

女娲造人邮票，中国人民邮政 1987 年发行

娲有体，孰制匠之"一句，意思是女娲创造了人类的身体，那女娲的身体又是谁创造的呢？屈原是战国时期楚人，他提出的这一问，说明女娲造人神话至少在战国时已广为流传。

上述中西三种不同的造人神话都认为人类是用泥土塑造的，这是它们之间最明显的共同点，而以红土造人与以黄土造人的情节差异则可能与神话产生时民众的生活环境密切相关。黄河流域对中华文明早期发展的影响更深远，而黄河中上游的黄土高原是黄土分布最集中的地区，因此女娲所抟之土为黄土的叙事情节说明女娲造人神话很可能最早诞生于黄河中上游，然后散播各地。

三种造人神话中，女娲造人神话诞生最早，很明显是在母系氏族社会时期就产生的。"娲"字由"女"与"呙"两部分构成，"呙"的繁体"咼"指骨头有开口，也就是说"娲"字的本义是骨头有开口的女性。女性在生育过程中要经历子宫口张开的过程，俗称"开骨缝"，因此"女娲"指的是具有生育功能的女性。女娲造人神话以具有生育功能的女性为主角，代表了先民对于生育和具有生育功能的女性在族群发展中重要作用的认知，这种认知正是支持母系氏族社会形成和发展最重要的力量。以母系血缘为纽带结成的母系氏族社会是人类最早的社会形态，当时的先民认为生育是女性独有的能力，因此女性地位普遍高于男性，氏族首领也由女性担任。在此背景下产生的造人神话，其主角也一定是能够生育的女性。因为女性可以诞育后代，所以最早的人也是由女性创造的，这是一种简单的类比思维。先民无法了解人类演化发展的历史，只是基于女性诞育婴儿的现象，虚构了最早的女性始祖创造人类的"历史"。

对于女娲神话的古老性，古代学者在不断考据女娲"真实身份"的过程中早已有所揭示。比如两晋时期著名训诂学家郭璞在注《山海经·大荒西经》时说："女娲，古神女而帝者"，认为女娲是上古氏族首领。西晋《帝王世纪》、唐代《补三皇本纪》都指出女娲为上古氏族首领的身份，并描述了女娲蛇首人身的外貌。这是图腾崇拜时期赋予早期祖先神的共同外貌特征，亦能说明女娲神话传承的悠久。

在希伯来造人神话中，耶和华首先造出男人，又用男人肋骨造出女人的叙事情节明显诞生于男性地位高于女性的父权制社会。在古希腊造人神话中，普罗米修斯不仅塑造了人的形体，还将善恶两种性格赋予人类。论及人性的造人叙事，显然产生更晚，并且受到古希腊哲学思想的影响。因此，相比较而言，中国的女娲造人叙事保留了人类造人叙事更古老的样貌，是研究早期社会的珍贵资源。

但女娲造人神话在母系氏族社会产生以后也并非一成不变，随着私有制的产生、阶级的分化，女娲造人神话也有了新变化。东汉《风俗通义》记录了当时流传的女娲造人神话：一开始，女娲用黄土捏人，但做了很长时间也造不出几个人，为了提高效率，她改以引绳造人，在绳子上沾泥浆挥洒，泥点洒落之处，也变出了一个个活人。因此有钱有权见识不凡的人是当初女娲用黄土捏的，低贱平庸的人则是由甩出去的泥点所变的。最后一句带有以神话叙事合理化不平等的社会阶层的目的，很容易让人联想到印度的梵天造四种姓神话。

婆罗门经典《吠陀经》载：原始巨人普鲁沙死后，梵天用他的嘴创造了婆罗门，用他的双手制成了刹帝利，用他的腿做成了吠舍，用他的双脚做成了首陀罗。因为制造四种姓百姓的部位不同，种姓就具有了高贵和低贱的区别，婆罗门和刹帝利为贵族，分别掌握宗教权力和政治、军事权力，吠舍是平民，从事农工商业，首陀罗是受奴役的贱民。印度种姓神话的产生有其特殊的历史背景，它形成于雅利安人入侵印度河和恒河流域，征服当地土著达罗毗荼人的过程中。作为奴隶主的雅利安人为维护他们创立的奴隶制国家的安稳，不仅依靠暴力机构来制止被压迫者的反抗，还采用了精神奴役的方法，以神话论证其统治的合理性。雅利安人的祭司婆罗门利用雅利安人和达罗毗荼人肤色与形体的差异，编造了上述梵天造四种姓神话。

　　如何理解汉代女娲神话中造人方法由抟黄土向甩泥点的转变？我们也需要回到当时的时代背景中。《风俗通义》的作者是曾官至泰山太守的东汉人应劭。应劭在灵帝与献帝时为官，当时外戚、宦官专权，朝政日益腐败，豪强势力大肆兼并土地，农民在残酷压榨下不堪重负，最终爆发了黄巾之乱，参与起义的农民达百万以上。为平定黄巾之乱，朝廷令各州郡自行募兵，却间接导致了地方豪强拥兵自重，又拉开了军阀混战的序幕。作为统治阶级的一员，应劭从心底希望底层农民能安分守己。如何引导农民安分守己，他认为必须纠正风俗。为此，他广泛搜罗市井习俗、神话传说，对它们进行辨析、更正和说明，写成了因事立论，考释名物、典礼、时俗的

《风俗通义》。在该书的序言中，应劭写道：汉儒热衷于章句训诂，注解儒家经典的著作堆起来有山那么高，但对于当时民间流传的神话传说、风俗习惯等却没有进行过很好的研究。风俗有正有邪，有善有淫，需要引导才不会走向愚昧、谬误。在他看来，执政的关键是要引导风俗向有利于维护统治的方向发展，即"为政之要，辨风正俗，最其上也"。所以应劭引用了世代流传的女娲造人神话，甚至进行了改写，并加以解析，劝说底层民众安分守己，因为这是人类产生之初就安排好的事情。这大约是应劭在看到失序的社会现实中潜藏着农民暴动的隐患时的一种应对方式。

这种造人方法决定身份高低的神话叙事大约对于稳定阶级社会的秩序确实有一定作用，因此得到一定范围的认同，在东汉以后不断被其他文献转引。但中华传统文化具有很强的包容性，允许各种思想共存，既有宣扬阶级先天注定的女娲引绳造人神话，又有高喊"王侯将相宁有种乎"的阶级反抗意识，所以直到今天大众所熟知的女娲造人神话还是抟土造人，引绳造人叙事在中华文化的长河中并没有引起多大的波浪，更没有成为类似于印度四种姓创造神话那样强化阶级不平等的合法性证明。

与耶和华、普罗米修斯被视为代表自然力的永生神灵不同，中国神话中的女娲也是如盘古那样，是有生命尽头的祖先。相传，女娲临终之前将自己的躯体化为守护神，继续守护她的子孙们。《山海经·大荒西经》记录说：有十位名为"女娲之肠"的神人，是女娲的身躯所化，他们居住在山野和道路上，守护着人类。为何女娲要以肠化神？因为在传统观念中，"肚肠"有心思、情怀之意。女娲以肠化神，表达了以女娲为代表的祖先们希望长久地守护子孙后代的情怀。

二

女娲补天是女娲神话中第二个重要叙事主题，主要讲述了女娲为挽救陷入灾难中的人类而补苍天、立四极的事迹。从叙事内容来看，女娲补天神话其实是灾难神话，主要记录了一场导致天塌地陷后果的严重地震灾害，也描述了由地震引发的山火、洪水与兽灾等次生灾害场景。《淮南子·览冥训》讲述道：远古时发生了一场大灾难，地维断，天柱折，大地裂，苍穹破。天不能覆盖大地，地不能承载生灵。大火蔓延无法熄灭，洪水肆虐不

能停息。猛兽将百姓当作
食物，凶禽常常捕食老弱。
关键时刻，女娲挺身而出，
熔炼了五色石以修补天的
漏洞，将鳌足砍下来当成
擎天柱，堆积芦灰以抵御
洪水的冲击，斩杀黑龙平
定叛乱，最终为百姓开辟
了一条生路。

在生产力水平极其低
下的原始社会，地震灾害

女娲炼石补天，清代，萧云从
《离骚图》刻本

的严重程度往往超过水灾和火灾，所以先民对地震的记
忆非常深刻，常以神话叙事形式将其记录下来。比如
《墨子·非攻下》载录了一则南方的地震神话：从前三苗
大乱，太阳作妖，在晚上出来，血雨连下了三日，龙在
祖庙出现，狗在集市上哭吠，夏天水结冰，土地裂开深
及地下泉，五谷一直不成熟，百姓面对这些异象大为震
惊。这是一次发生在南方的大地震，震前已经出现了一
些今日看来可以视为灾害预报的异常现象，如连日降雨
成灾、动物行为失常等。三苗又称有苗或苗民，是一个

古老的南方部族，曾广泛分布于江汉、江淮流域，长江中下游南北，洞庭、彭蠡之间。三苗首领比较好战，常常挑衅黄河流域部落联盟首领的权威，但三苗首领的叛乱不仅不得人心，还受到了上天的惩罚，这次地震就是上天降下的灾难。

三苗地震的地裂强度很大，深及地下泉，应该造成了极大的破坏，但神话将地震作为三苗首领不行仁政而遭受的天罚，仅交代了大禹奉命讨伐三苗之事，并没有讲述震后救灾的情况，而女娲补天神话的叙事重点则是救灾过程。一方面是对水灾、兽灾等次生灾害的治理，主要表现在女娲治洪水、斩黑龙的情节中；另一方面是灾后重建家园，主要表现在女娲炼五色石补天、断鳌足立四极以重构天地秩序的叙事中。尽管当时的技术水平极端低下，但中华先民们依然在首领的带领下进行过积极的救灾和灾后重建，并且在与自然灾害不断正面遭遇的过程中，积累了一些救灾经验。比如女娲"积芦灰以止淫水"的叙事是中华创世神话中出现最早的抗洪记录，远早于以治水闻名的大禹。虽然学者们对"积芦灰"的含义莫衷一是，但不能否认中华先民在抗洪技术方面的探索相当早。

在探索抗洪技术之外，女娲补天神话还反映了早期中华早期先民对天象的观测和记录，并在此基础上形成了一些对后世影响深远的早期宇宙观。

《淮南子》中"四极废，九州裂，天不兼复，地不周载"的灾难场景描述其实反映了先民的一种宇宙观——盖天说。盖天说是出现最早，影响最大的中国古代宇宙观，直到汉代依然占据统治地位。盖天说认为天如中部隆起，四周下垂的圆形华盖，覆盖在大地上方，大地像扁平的方形棋盘，承载着山川万物。天之所以能在大地上方存在，是因为地上竖立着支撑天的柱子，即天柱。地之所以能保持水平而不歪斜，是因为四角系着绳子，维系大地的绳子被称为地维。按照天圆地方的观点，女娲神话中灾难发生的过程是这样：维系地面四角的绳子断裂，导致大地倾斜，从而引起支撑在地面上的天柱倒塌，不仅砸裂了大地，更导致苍穹破裂。因此，华盖式的天不能再完全覆盖大地，棋盘式的地也无法再承载所有生灵。

盖天说本身也经历过变化，早期的盖天说认为天盖为圆形平面，后来才修正为穹窿式。天如华盖的观念产生自先民对太阳和其他重要天体的视运动轨迹的初步观测中。具体情况我们已经很难获知，可能原因之一是：中华先民很早就掌握了观测日影以辨别方向和确定正午时间的方法，在此过程中先民发现一年中日影的长短变化相当规律，从夏至（日影最短）到冬至（日影最长）再到第二年夏至，标示日影的刻度可以连接为一条圆弧线。先民便据此猜测天像穹窿。可能原因之二是：先民观察到太阳东升西落又东升的周而复始现象，便认为太阳的运行轨迹为圆形。先民又思考太阳以圆形轨迹运动的原因，得出天是圆顶状的结论。虽然这些认知在今天看来有不少谬误之处，但它们产生自先民长期的天象观测中，属于早期科学探索的重要组成部分，具有一定的科学价值。

地如棋盘的观念同样有其合理性。一方面，很早就确立以种植农业为主要经济生产方式的中华先民有计算土地面积的客观需要。在长期生产过程中，先民发明了格网计算法，概言之就是将土地划分为边长为1、面积为1的平面正方形，土地面积就等于正方形的数量总和。汉字"田"从甲骨文到楷书的字形基本没有变化，最初的含义就是可以用格网计算的土地符号。被划分为若干平面正方形的土地状若棋盘，地如棋盘的观念就是如此产生的。另一方面，古老的农业民族也很早就有了辨向需求，形成了东西南北的方位观念，而将大地视为状若棋盘的大正方形也有利于方向的判断。

女娲补天神话传世很久，在流传过程中也进行了新的建构，建构主要是在解释灾害发生的原因方面。《列子》和《淮南子》都记录了两则折天柱、绝地维的灾难神话，一则是女娲补天神话，另一则是共工怒触不周山神话，但两则神话独立存在，没有关联。共工怒触不周山神话讲述说：很久以前，共工氏与颛顼争夺帝位，共工氏失败了，一头撞在不周山上，撞塌了支撑天的柱子，弄断了维系地的绳子。天柱折断，导致天失去了平衡，向西北倾斜，因此日月星辰也都向西北移动。地维断裂，导致地面向东南倾斜，于是江湖之水裹挟着泥沙都向东南流去。

共工怒触不周山神话很可能是为弥补盖天说的缺陷而创造的。在长期的天文观测中，先民发现盖天说的观点与日月星辰的视运行轨迹有矛盾。当大地被假设为一个平面，人处于平面中心时，肉眼观测到的日月星辰应该从正东到正西运动，没有任何倾斜。但古人反复观测后证实的天体视运行轨迹却是从东南到西北。当代小学生都可以解释这一现象，这是因为我们站在北半球而非赤道上观测天体运行产生的结果。但先民无法理解这种偏移现象，于是创作了共工怒触不周山神话这一解释性叙事。

　　与女娲补天神话类似，共工怒触不周山神话也具有地质灾害神话与天文神话的双重特征。大约就是因为这种共同点，两则神话在流传过程中发生了融合，共工怒触不周山成为女娲补天发生的原因。根据唐代史学家司马贞在《补三皇本纪》中的记录，融合以后的神话讲述道：女娲执政末期，共工氏首领试图争夺联盟首领之位，女娲派出祝融氏首领与其战。共工氏失败，其首领大怒之下一头撞上了一根天柱。相传，这根被撞歪了的天柱

女娲与共工大战，明代版画，《盘古至唐虞传》插图

后来就被称为"不周山","不周"即"不正""歪"的意思。面对共工氏引发的这场大灾难，女娲补苍天、立四极、治洪水，最终使社会恢复了正常秩序。

《淮南子》中的女娲补天神话仅是单纯的灾害神话，是先民在生存发展过程中不断遭遇地质灾害的客观历史反映，而以共工怒触不周山作为女娲补天开端的建构则体现了先民"天灾亦是人祸"的深层反思。这种带有反思性质的神话叙事在后世受到了广泛认同，比如明代历史演义小说《开辟衍绎通俗志传》将其铺陈为第十一回"女娲兴兵诛共工"、第十二回"祝融氏大战康回（即共工）"、第十三回"女娲氏炼石补天"。但是，这种将自然神话引向人事反思的做法却在某种程度上造成了中华传统科技知识传承链的断裂，制造了中华传统文化不重视自然科学的假象。

三

女娲神话还是记录早期泥器、陶器制作技术和冶金技术发生发展的技术神话，可以视为中华先民重视技术发展，并在科学技术方面勤于探索、勇于开拓的叙事证明。

传为汉代东方朔所撰的《占书》中记录了一种以天气预测一年物产与人事的方法：新年后八日，第一日为鸡日，第二日为犬日，第三日为猪日，第四日为羊日，第五日为牛日，第六日为马日，第七日为人日，第八日为谷日。这八日中，哪一日天气晴朗，相关生物就会繁荣兴旺，哪一日天气阴雨，相关生物就会遇到灾难。这种占卜方法其实是以女娲造人神话为知识基础的。

女娲造人神话在不断流传中产生了一些异文，比如女娲七日造生灵神话。《太平御览》卷三十载北齐高祖于正月初七人日大宴群臣之事，并以一则神话进行注解：相传天地开辟之初，女娲第一日造了鸡，第七日造了人。女娲七日造生灵神话至今仍在各地流传。先民相信女娲从第一日开始每日造一种生灵，每年这一日就被命名为相应的生灵日。女娲如何造生灵呢？也是以泥捏塑。因为泥怕水，所以无论和泥还是捏塑，都不能在阴雨的户外进行。河南、山东等地流传的女娲造人口传神话讲述道：女娲捏好泥人后将它们放在院中晾晒。突然下雨了，女娲连忙把泥人往屋里搬，搬不及的，就用扫帚往里扫，一些泥人因此瞎了眼，缺了胳膊或断了腿，从此世上就有了残疾人。正因为神话讲述了女娲造人遇到阴雨天损

失重大的叙事，才有了《占书》提出的晴雨天气能预测
物产与人事的观念。

女娲以泥塑的方法创造生灵的神话情节并非随意的
想象，而是对人类早期泥器和陶器制造的文化记忆。

在距今大约 1 万年左右的母系氏族社会晚期，华夏
大地上出现了原始农业。与此前人类主要依靠狩猎和采
集取得食物的方法不同，农业的发展使得对储存和加工
粮食的盛器的需要大大增加。先民在农业劳作中发现黏
土加水以后形成的泥具有很强的可塑性，干燥后的泥
塑物品可以作为器皿，这便是泥器。先民制作的泥器
偶然间经历过一场大火的炙烤后形成了一种坚硬的新器
物——陶器。根据考古发现，江苏溧水神仙洞遗址曾出
土过距今 1.1 万年左右的泥质红陶片。距今 8000 年左
右的众多新石器时代文化遗址中都发掘出土过陶器，品
种包括红陶、灰陶、黑陶、白陶，以及彩陶。

泥器和陶器的出现在人类发展史上有重要意义，尤其
是陶器，它们是第一种真正的人类造物。陶器发明之前人
类所制造的各种器物，无论是石器、骨器、蚌壳器，或者
是人体装饰品，都不能算是人类的完全造物，仅仅是人
类对采自大自然的材料进行了加工，使材料发生了物理变

化，而在陶器的制作过程中，火的加热使泥土发生了化学变化，从而使泥制的器物产生了质变，形成了自然界中从来没有过的陶器。这是划时代的发明，是第一种真真正正代表了人类聪明才智的器物，不仅让后人敬佩，也让先民自己震惊。于是，他们将人类从无到有的诞生过程与陶器的制作过程相类比，创造了女娲抟土造人神话。

制陶技术发生的前提是火的发现和使用，而火的发现和使用还促进了另一种具有划时代意义的生产技术的产生——冶金技术。

女娲所用的补天材料是五色石，使用五色石的方法是熔炼，这两处细节都十分值得重视。什么样的石头会呈现出不同颜色？金属矿石，因为含有不同金属成分的矿石会呈现出不同的颜色。比如赤铁

任伯年《女娲炼石图》，清代

矿石主要成分是氧化铁，大多呈现出暗红色，含铁量越高矿石的颜色就越深；褐铁矿石主要成分是含水氧化铁，一般呈黄褐色；黄铜矿石中含有铜、铁、硫等成分，大都呈现出黄铜色。石器时代的先民在生产生活中见到有些石头具有特殊颜色，并且倾向于挑选这些色彩石头使用。先民无意中发现这些彩色石头经过炙烤后，会变成一种前所未见、比石头更坚硬的物质，也就是金属。

根据考古发现，我国仰韶文化（公元前5000—前3000年）早期的先民已经可以较为熟练地使用冶金技术。陕西临潼姜寨曾出土过半圆形的铜残片和铜管状物，经^{14}C测定并校正，制作时间大约在公元前4675年左右，误差为上下135年。蚩尤神话中关于冶金和制作兵器的叙事大约正是这一阶段冶金技术发展的反映。《管子·地数》载：黄帝曾向伯高请教将天下融为一家的治理方法。伯高认为要在山上树立矿藏国有的标记，由国家控制制造兵器货币的原料，这相当于剪除了敌人的爪牙，如此天下就可以融为一家。伯高还进一步阐述了寻找金属矿藏的方法，山体表面有丹砂，山中就有金矿；表面有磁石，山中就有铜矿；表面有陵石，山中就有铅、锡、红铜矿；表面有赤土，山中就有铁矿。黄帝颁布禁令十年之后，葛卢山爆发了山洪，金属矿石随之泄出，蚩尤就接管了这片区域，冶炼矿石，锻造了剑、铠、矛、戟，同年吞并了九个部族。后来雍狐山也爆发了山洪，金属矿石随之出现，又被蚩尤控制。蚩尤冶炼金属，打造了雍狐之戟和芮戈，同年吞并了十二个部族。女娲神话所反映的时间阶段早于仰韶文化数千年，当时先民大约正处于早期冶金技术的探索阶段，女娲熔炼五色石补天的叙事是对这一过程的记录。

女娲神话是对早期先民科技探索的记录，体现了祖先为民众而勇于探索、不畏牺牲的精神。党的二十大报告指出：中国式现代化是全体人民共同富裕的现代化，是物质文明和精神文明相协调的现代化，是走和平发展道路的现代化。只有继承了为人民、为民族和为国家而探索奉献的科学精神的中国科技现代化，才能真正成为实现人民共同富裕、协调物质文明与精神文明、走和平发展道路的中国式现代化的重要推动力。

西王母掌瘟主寿

与敬畏生命的伦理思想

西王母，东汉画像石拓片，山东济宁微山县两城镇出土

西王母，是中华创世神话中最早掌管幽冥世界的神灵，后来被道教吸收改造为最高女仙王母娘娘。西王母创世神话是具有中华特色的生命神话，反映了先民对于生命问题的积极思考，表现了敬畏生命、尊重生命的中华传统伦理。在新冠疫情防控期间形成的"生命至上、举国同心、舍生忘死、尊重科学、命运与共"的抗疫精神，也加深了我们对生命伦理思想的理解。

一

在早期社会，受自然环境、生产力水平、防御能力、卫生观念等条件的影响，人类寿命普遍较短。比如对周口店遗址的研究表明，距今 70 万年至距今 20 万年的北京猿人有 39.5% 的个体在 14 岁以内死亡，只有 2.6% 的个体能活到五六十岁；距今 2.7 万年至 1.8 万年的山顶洞人寿命延长了一些，但死于童年的个体也高达 43%，能活到五六十岁的只有 14% 的个体。产生了一定的灵魂观念之后，先民对人死之后灵魂去哪里的问题进行了思考，西王母掌管冥界的神话是先民对于灵魂归处的最初想象。

其他民族的古老神话中也有诸多冥界叙事。古希腊神话中的冥王哈迪斯、古埃及神话中的亡灵之神奥西里斯都是冥界之主。

在古希腊神话中，宙斯的兄弟哈迪斯是冥王。哈迪斯的形象很神秘，他始终穿着大衣，遮住了脸和全身。同时，哈迪斯还兼有财富之神的身份，他掌管着冥界长出的珍贵果实和埋藏于地下的黄金宝石。哈迪斯曾劫持农神得墨忒耳的女儿珀耳塞福涅为妻。在《荷马史诗》中，哈迪斯被塑造为坐在王座上的强壮成年男子，手持两股叉或权杖，脚边卧着看守地狱的三头犬刻耳柏洛斯。相传，亡灵首先由引导神赫尔墨斯带到冥界的痛苦河边，然后由船夫卡隆将他们摆渡到对岸的真理田园。到达真理田园后，亡灵经过冥界三大判官的审判，仁善的亡灵进入极乐世界，有罪的亡灵则被赶入地狱。在极乐世界和地狱之间有一座雄伟的宫殿，就是冥王哈迪斯和冥后珀耳塞福涅的住所。

在古埃及神话中，奥西里斯既是冥神，又是尼罗河之神和农作物保护神。相传，奥西里斯曾当过埃及国王，将农业耕作技术和酿酒技术传授给民众，还推行历法，平息部族战争，缔造了和平、统一、繁荣的埃及。奥西里斯的弟弟塞特嫉妒他，利用阴谋将他封死在一个箱子里，还趁机篡取了王位。奥西里斯的妻子伊西斯费尽千辛万苦寻回了装有丈夫尸身的箱子，希望借助魔力复活他。塞特发现后，残忍地将哥哥的尸体分割，藏在埃及的各个角落。伊西斯花了很多年收集齐了奥西里斯的尸身，并在智慧神托特的帮助下短暂地复活了他。但伊西斯法力有限，奥西里斯最终还是死去了。天上拉神派阿努比斯神下凡，帮助伊西斯把丈夫的尸体连接起来，并用亚麻布包裹好，这就是埃及木乃伊的起源。奥西里斯再次复活，被封为冥界之主。相传，冥王奥西里斯身旁有四十二个副手，他负责审判人死后的灵魂。他用正义天平称量过死者的心后，让好人得到永生的奖赏，对罪人降下惩罚。

西王母是中华创世神话中的冥神。她是一位相当古老的神祇，主要表现在她的性别和半人半兽的外貌上。与哈迪斯、奥西里斯不同，西王母是一位女神，而且早期外貌还有点可怖。《山海经·西山经》描述道：西王母有着人的外形，但长着豹子的尾巴和老虎的牙齿，而且喜欢吹口哨，头发并未梳理为发髻，头上插戴着作为装饰品的玉胜。早期重要的女性神灵一般诞生于母系氏族社会，而表现出半人半兽特征的神灵则来自古老的图腾崇拜时代，因此西王母的原型大约是母系氏族社会中，以虎、豹为图腾的某族群首领。由此观之，西王母为冥界之主的神话，产生时间可能早于上述古希腊与古埃及的冥王神话。

因为产生时间早，西王母的早期神话叙事留存也相对较少，大多保留在《山海经》中。《山海经》对西王母居所的描述是表明她身份的重要材料。《山海经·大荒西

西王母（下方双肩有翼者），汉画像石拓本，沂南北寨汉墓墓门西立柱

经》说：在西海的南边、流沙的边缘、赤水的后面、黑水的前面，有名为昆仑山的大山。山上有一位头戴玉胜，长着虎齿和豹尾，居住在洞穴里的神，名为西王母。也就是说，在昆仑山上有一处洞穴是西王母的居所。昆仑山多玉石，因此又被称为"群玉之山""玉山"，《山海经·西山经》说西王母的居所在玉山，这里的"玉山"也就是昆仑山。昆仑山在《山海经·海内经》中又被称为"幽都山"：北海内有一座幽都山，黑水就发源于这座山。山上有黑色的鸟、黑色的蛇、黑色的豹、黑色的虎，还有大尾巴的黑色狐狸。昆仑山位于黑水之前，幽都山是黑水的发源地，从黑水与两座山的关系来看，昆仑山就是幽都山。而幽都山就是神话中的冥府，即人死后灵魂所归之处。因先民大多采用土葬的丧葬方式，所以有神话认为幽都不在昆仑山上，而在昆仑山下。比如《博物志》等文献说：在昆仑山北地下三千六百里之处，有非常广阔的"八玄幽都"，面积约二十万平方里。无论地上地下，幽都依然与昆仑山紧密相关。既然西王母是居住于昆仑山上的大神，那她就是执掌昆仑冥界的神。"西王母"之名中的"西"，可能与其执掌的昆仑山位于西部有关。

上述三种冥神神话都是建立在"灵魂不灭论"基础之上的想象，但各有其不同的叙事逻辑。

哈迪斯因身份而成为冥神：他是宙斯的兄弟，宙斯三兄弟一起推翻了前辈神灵的统治，然后划分了势力范围，哈迪斯分得了冥界。哈迪斯神话将冥界视为与天空、海洋并列的存在，是按照纵向空间逻辑划分的结果，古希腊人的冥界约等于地表以下的空间。奥西里斯因其经历而成为冥神：他有被迫害而死亡的经历，尽管后来复生，但无法再以活人的身份返回人间，最终成为管理亡灵世界的神。奥西里斯在古埃及受到广泛和长久的崇拜，主要原因是他所代表的复活和永生是古埃及人普遍追求和向往的。古埃及人认为，今生是短暂的，只有复活后的来世才是永恒的，因此奥西里斯又被称为"来世之王""永恒之主"。奥西里斯神话将冥界视为与现世并列，但比现世更高阶的存在，是按照生命时间逻辑划分的结果，古埃及人的冥界约等于下一世。西王母则因地域而成为冥神：她是昆仑之神，昆仑被认为是幽冥世界，因此她理所当然地被视为冥界之主。西王母神话将冥界视为人间的边缘、太阳照射不到的幽暗之处，这是按照横向空间逻辑划分的结果。冥神西王母神话中承载了华夏先民的早期灵魂观念，传统丧俗中以头西脚东的方向停尸便是这种古老神话的遗存，头朝西意味着魂归西方昆仑幽冥界。

昆仑山为何被华夏先民视为冥界？这既与昆仑山的地理位置相关，又与早期先民的天象观测相关。一方面，昆仑山横亘在中国西部，西起帕米尔高原，东经青海省到四川省西北部，横贯新疆、西藏，山势高耸绵延，自古就被认为是中原与西域之间的天然屏障。中原与西域之间的正式交流其实是比较晚的事情了，从流传至今的周穆王与西王母交往的神话文献来看，应该不早于周代。在华夏早期，昆仑山以西之地并不在中原先民的认知范围内，对他们而言，昆仑山已是极西之地。另一方面，由于中国地处北半球，先民观测到星辰的运行轨迹并非从正东到正西，而是北天球的星辰，从东偏北向西偏北运行，南天球的星辰则从东偏南向西偏南运行。太阳正是位于南天球的星辰，因此在先民的视野中，太阳从东南方升起，在西南方落下。而西部的昆仑山，其纬度也比中原地区更偏南，因此在中原先民看来，昆仑山就是太阳落下之地。太阳落山意味着黑暗，而黑暗之地则被想象为亡灵聚集之处，也就是幽冥。

西王母执掌幽冥的神话和信仰起源很早，但在漫长的时间中逐渐模糊了，仅留下一些西王母掌管瘟疫和刑罚的叙事可以视为西王母执掌幽冥神话的遗存。《山海经·西山经》在描述了西王母半人半兽的外貌之后，说她是"司天之厉及五残"之神。"天之厉"是指上天降下的瘟疫，"五残"即"五刑"，也就是五种刑罚。"五刑"在各时期内涵不同，在奴隶社会主要指如面部刺字、割鼻子、挖膝盖骨、毁坏生殖器等施于人体的肉刑。西王母掌管刑罚的叙事说明她也兼有审判之神的身份，而在哈迪斯和奥西里斯神话中，这两位冥神同时也是审判之神，判断亡灵的善恶并施以奖惩，这种相似性也能证明西王母作为冥神的早期身份。

西王母同时掌管瘟疫的叙事特别值得重视。因为西王母执掌幽冥，所以导致先民大批死亡的瘟疫也被归为西王母管理，这大约是西王母掌管瘟疫神话产生的叙事逻辑。并非所有古老民族的神话中都有专门掌管瘟疫的神祇，比如古希腊神话中很多神祇都可以向人间散播瘟疫：宙斯通过潘多拉盒子把瘟疫带到人间，太阳神阿波罗、月亮神阿尔忒弥斯都曾主动在人间制造瘟疫，神后赫拉、酒神蒂尔尼索斯、神使赫尔墨斯、命运三女神、冥王哈德斯等都能让人患病。而在中国神话中，只有瘟神疫鬼可以散播瘟疫和祛病，其他神祇，比如神农氏，则努力帮助民众战胜瘟疫。

西王母是华夏早期瘟神，即"司天之厉"神。"天之厉"的"天"指向的并非神灵，而是大自然，也就是说，华夏早期先民曾经认为瘟疫来自大自然，而不是什么神灵降灾的结果，后者其实是神灵信仰已经比较发达的产物。"司"是掌管、管理的意思，意味着西王母可以降下瘟疫，也可以消除已经发生的瘟疫。因此，西王母"司天之厉"的神话叙事中其实隐含着先民希望能对来自大自然的瘟疫进行管理的思想。

二

冥神西王母神话后来衰落了。当代人提到中国冥神时，可能会下意识地想到阎罗王，而阎罗王信仰和神话是佛教传入中国后，也就是汉代以后才产生的。其实，在阎罗王神话产生之前，中国还存在过冥神后土神话。

后土是最早的社神。社神，即土地神。相传，后土是水神共工的儿子，因擅长平治水土而被当作土地神祭祀。大约因为后土掌管土地，而古人盛行土葬，因此后土也被视为掌管幽冥世界的神。屈原的《招魂》记录了部分冥神后土神话，显示了后土的幽冥之主身份，描述了为后土守护幽都之门的土伯外貌。"魂兮归来，君无下此幽都些。土伯九约，其角觺觺些。敦脄血拇。逐人駓駓些。参目虎首，其身若牛些。此皆甘人。归来！恐自遗灾些……"大意是说：魂魄归来吧，你不要去冥界幽都。那里的土伯身体弯曲怪异，他的角锋利突出，后背上的肉鼓起，脚爪上都是血。他长着三只眼，有着虎一样的头和牛一般的身体。他抓人的速度特别快，每次吃到人肉才会满足。回来啊，怕你受伤害。东汉经学家王逸在《楚辞章句》中注解屈原此诗说：幽都就是地下后土所管理的空间，"土伯"就是后土所封侯伯之意，负责守护幽都的门户。三目、虎头、牛躯的土伯，相貌之怪异，很容易让人联想到古希腊神话中守护地狱之门的三头犬刻耳柏洛斯。

西汉武帝将后土作为社神列入国家祭祀的行列后，冥神后土的神话和信仰逐渐衰落。到王逸生活的年代，冥神后土已不大为人所知，因此他才在《楚辞章句》中对"土伯"进行了解释，而当时广受崇奉的冥神是泰山神。考古发现，汉代陵墓出土的镇墓券上常有"生人属西长安，死属泰山"的字句，意思是活着的时候归在长安的汉皇领导，死后归泰山冥府管理。汉代镇墓文常将泰山冥府的管理者称为"泰山君"，也就是后来的"泰山府君"。泰山府君是谁？《神仙传》说他是西王母的外孙。相传，泰山府君为西王母小女太真夫人的第三子，年轻时因贪玩耽误了公事而被贬为掌管阴间的东岳神。泰山成为冥府的原因与昆仑山类似，因为泰山被视为日出之地，所以泰山神早期有赐生的功能。同时，泰山也是阴阳昏晓交替之处，有生必有死，因此泰山神也主死治鬼。后者的功能逐渐超过前者，泰山神就成为冥界主宰。昆仑山为日落之地，昆仑山神成为冥神；泰山为日出之地，泰山神也成为冥神。这是同一种造神逻辑，所以泰山神与昆仑山神也就有了联系，成为昆仑山神的外孙。

后来随着佛教影响日益深入，阎罗王神话作为新的冥神叙事兴起，这大约是隋唐时期的事。《隋书·韩擒虎传》中有"生为上柱国，死作阎罗王"一句，说明阎罗王当时已被认为是冥界最高主宰。"阎罗王"其实是一个梵语音译词汇，是古印度神话中主管地狱的神"阎魔罗阇"的简称，也称"阎罗""阎王"。阎魔罗阇神话先进入印度佛教，然后随着佛教信仰进入中国。佛教的业报轮回思想对中国传统灵魂观念产生了重要影响。佛教认为，人死后的灵魂根据其生前的业果，分别在天、人、阿修罗、畜生、恶鬼、地狱等六道中轮回。此前，中国虽有幽冥世界的观念，但无地狱意识。佛教传入后，业报轮回思想和地狱意识成为最受欢迎的一部分，因为它既能慰藉心灵又在某种程度上有助于维护现实社会的稳定。佛教在中国发展的早期，仅有一位阎罗王，后来发展到十殿阎罗，而且皆由中国官员担任。阎罗信仰还与中国传统的泰山冥府信仰结合，产生了一系列阴曹地府的想象与叙事，在佛教和道教中都很盛行。

冥神西王母神话的衰落虽然与继之而起的冥神后土、冥神泰山神以及十殿阎罗的神话部分相关，但主要原因却是西王母神话中主长生、赐长寿的内涵超越了掌管冥界的内涵，西王母逐渐从冥神转化为长生之神。我们在嫦娥奔月与鲧治水神话中能看到这种转变。

嫦娥奔月神话在秦汉时期已广为流传。相传，羿曾诛杀了危害人间的怪兽，还将炙烤大地的十个太阳射下来九个。但这十个太阳其实是天帝的儿子，天帝丧子后悲痛不已，便将羿和他的妻子嫦娥贬下凡间。嫦娥无法忍受凡人的生老病死，羿便跋山涉水来到昆仑山，向西王母求取不死之药。西王母体恤羿的遭遇，赐给他一颗仙药，二人分食可长生不死，一人食之则可白日飞升。后来嫦娥偷食了仙药，升入月宫成为月神。鲧治水神话在先秦时期也已经成为广为人知的重要神话，这部分叙事被屈原的长诗《天问》记录了下来。相传，鲧因治水失败被处死，其尸体化为黄熊。黄熊不甘心，想要恢复人的样貌，便一路向西，登上昆仑山的悬崖峭壁，向西王母求取不死之药。

嫦娥奔月与鲧治水神话中都出现了向西王母求取不死之药的情节。西王母掌握着不死药的神话在《山海经》中也有记录，比如《海内西经》说：长着九个脑袋的开明兽总是面向东方站在昆仑山巅。开明兽东边居住着巫彭、巫抵、巫阳、巫履、巫凡、巫相几位巫师，他们围着天神窫窳的尸体，拿着各自炼制的不死之药，试图让他复活。这些巫师显然受昆仑山主人西王母的统领，他们所炼制的不死之药也就是羿和鲧向西王母所求之药。

西王母为何能从冥界之神转变为长生之神？这主要与中国传统哲学观念有关，也与先秦时期的神仙思想相关。中国传统哲学中有"物极必反""否极泰来"的矛盾相互转化观念，按照这种逻辑，"死"作为"生"的对立面两者也可以相互转化。先民认为执掌人死后灵魂聚集的昆仑幽冥的西王母也必定能使死人复生，其奥秘就在于不死之药。不死之药是西王母神话和其神格发展变化的关键线索，正是不死之药引发了西王母主长生、赐长寿的神话和信仰，使她转化为长生之神。

先秦时期已经出现的神仙思想对西王母神话和信仰的发展也产生过深刻影响，促使西王母从半人半兽的原始神转变为样貌端庄的女神，而且与俗世中的帝王有了交集。不少文献讲述说：西王母曾派出使者乘着白鹿向黄帝献上白玉环；帝尧曾向西跨过流沙，会见过西王母；西王母曾朝见过帝舜，并献上白琯；大禹派遣使臣益去拜见过西王母。在所有上古帝王与西王母会面的神话叙事中，周穆王会西王母神话数量最多，也最重要，它不仅记录了西王母形象的变化，更反映了西王母神话内涵的发展。

周穆王，姓姬名满，是西周第五代王，一生充满传奇色彩。相传，他不喜欢在朝中理政，常年在外征讨、巡游。《竹书纪年》《穆天子传》等文献讲述说：周穆王曾于登基后第十三年西征，到达西王母的使者青鸟所居之地。第十七年，周穆王再次西征，在昆仑山见到了西

《瑶池宴图》八条屏，绢本设色，韩国京畿道博物馆藏

王母。当时，周穆王献上白圭、黑璧等作为见面礼，并在瑶池之上设宴款待西王母。筵席上，西王母自述为天帝之女，与虎豹、乌鹊为伴，并为穆王献上一曲歌谣，祝福他长生。神话虽没有对西王母的外貌进行描写，但从她熟悉贵族往来的礼仪，善于吟咏，自述为天帝之女等细节来看，肯定不是喜欢吹口哨，披头散发的半人半兽形象，而是一位端庄的女神。更重要的是，西王母具有了赐福长生的能力。

西王母这种赐福长生的神力使其在汉代得到狂热的崇拜。汉代卜筮之书《易林》所载筮辞中出现了大量"有西王母，生不知死""有西王母，生不知老"等以西王母赐福长生神话为知识背景的词句。民众祭祀西王母的行为在西汉末年还演变为一场政治运动。哀帝建平四年（公元前3年），山东、关东等地大旱成灾，民众纷纷逃离家乡，形成庞大的流民群体。有人借着祭祀西王母的名义掀起骚乱，鼓动灾民手持麻秆、禾秆等奔跑，并呼喊"传西王母筹"。成千上万的流民披头散发，昼夜不停地狂奔过二十多个郡和封国，一直跑到京城。京城百姓也被煽动起来，在夜里点燃火把，敲锣打鼓，在街道、田野中聚会，举行各种祭祀西王母的仪式。这一狂热活动蔓延到全国，直到半年多以后才平息，严重动摇了西汉的统治根基。

汉人特别崇拜西王母，甚至为她创造了一位配偶神——东王公。传为汉代东方朔所撰的《神异经》这样描述东王公的样貌：他身高一丈，头发全白，有着人类的外形，但长着鸟脸和虎尾。西王母和东王公居住在昆仑山上，通过大鸟希有相会。希有背上有一小块没有羽毛的平地，有一万九千平方里，每年西王母都到这里与东王公相会。在汉人中曾流行过西王母、东王公化生万物的神话，西王母和东王公也因此被视为天地阴阳的本源而广受崇奉。东汉《吴越春秋》载：越王勾践失败后，大臣文种向他进献了"灭吴九术"，第一术为敬天地、事鬼神，首先就是要祭祀东王公和西王母。

东王公的存在时间比较短暂，晋以后逐渐销声匿迹，经道教徒的改头换面后，东王公演变成了玉皇大帝，同时西王母也渐演变成了王母娘娘。

三

在西王母演变为王母娘娘的过程中，首先出现了不死药演变为仙桃的情节。仙桃意象较早出现在汉武帝会见西王母的神话中。汉晋时期成书的《汉武故事》载：农历七月初七中午，汉武帝在承华殿斋戒时，忽然看到有青鸟从西方来，东方朔告诉汉武帝说这是西王母即将降临的预兆。果然，当天入夜不久，空中传来隐约的雷声，漫天紫气弥散。不一会儿，西王母就降临了，看起来是三十几岁，身材匀称，容颜绝世的美人。汉武帝迎接西王母就座后，向西王母请求不死之药。西王母婉拒，拿出七只仙桃，送给汉武帝二只。汉武帝吃完桃子，留下了桃核。西王母询问为何，汉武帝回答说：味道异常鲜美，想要在下界种植。西王母笑着说：此仙桃三千年一结果，凡间土壤种不活。

在这段神话中，仙桃作为不死之药的替代品出现。它虽不是不死药，但来自仙界，至少具有延年益寿的功效。仙桃意象的出现可能代表汉晋时期的人已经逐渐认识到不死只是虚幻缥缈的追求，延年益寿却是可以通过努力达到的目标。此后仙桃逐渐成为长寿的象征，甚至连北魏科学家贾思勰都在其农学著作《齐民要术》称："仙玉桃，服之长生不死。若不得早服之，临死日服之，其尸毕天地不朽。"

后来，当西王母逐渐演变为王母，仙桃也演化成了天上桃园中的蟠桃。宋元明时期出现了大量以王母和蟠桃为主题的戏剧，如宋金院本《瑶池会》《蟠桃会》，元代杂剧《宴瑶池王母蟠桃会》，明代杂剧《群仙庆寿蟠

金廷标《瑶池献寿图》，清代纸本设色，台北故宫博物院藏

桃会》，说明王母娘娘和她的蟠桃神话已广为流传，而吴承恩写作《西游记》时，道教最高女神王母娘娘的形象已经成熟定型。《西游记》是在民间流传许久的三藏取经故事的基础上加工而成，许多情节经过民众的集体创作，表达了民众的认同，所以《西游记》中土地神向孙悟空介绍蟠桃园的那一段可

以视为明代人对王母蟠桃的集体看法。"有三千六百株。前面一千二百株，花微果小，三千年一熟，人吃了成仙了道，体健身轻；中间一千二百株，层花甘实，六千年一熟，人吃了霞举飞升，长生不老；后面一千二百株，紫纹细核，九千年一熟，人吃了与天地齐寿，日月同庚。""成仙了道"与"体健身轻"并列为食用小仙桃的效果，说明"成仙了道"指的是成为具有一定法术的人而非真正长生不老的神仙，由此强调了小仙桃延年益寿、强健身体的效果。

西王母神话本质上是生命神话，深刻表现了先民对生命的敬畏，而救治生命是敬畏生命最好的方式之一，西王母神话中有不少反映中华传统医药早期发展成就的内容，反映了先民在诊疗疾病、救治生命方面的探索。

《山海经》记录了昆仑山群巫神话，他们是最早的医生。古"医"字写作"毉"，下半部分是"巫"，代表了巫、医一体的早期历史，也就是说医术是从巫术中分化出来的。巫起源于原始社会，是负责沟通人神的专职人员，掌握着历史、医药以及与神沟通的各种知识。进入文明社会以后，至少在夏、商、西周时期，巫还是维持国家和社会秩序的重要力量，他们负责主持祭祀、占卜、祈禳等仪式，并充任史官和医官。相传，昆仑山顶站立着开明兽，开明兽东边的巫彭是中医开山之祖。

《山海经》中的群巫主要职责是采药、制药和治病。《海内西经》说：开明兽的北边生长着不死树。不死树的原型大约是具有重要药用价值，能治疗多种疾病的植物。《大荒西经》也说：有一座灵山，山上生长着众多有药用价值的植物，就像一座巨大的草药园，巫咸、巫盼、巫彭、巫姑、巫真、巫礼、巫抵、巫谢、巫罗等十巫不停地上山下山，忙着采药、制药。天神窦窳和嫦娥都曾得到过他们炼制的不死药。

西王母从原始幽冥神发展为长生之神，再演变为道教最高女神的漫长历程充满了先民对于生死问题的积极思考，表达了先民珍惜生命、热爱生命、敬畏生命的思想观念。正是这样对生命的热爱与珍惜的伦理思想，孕育了自强不息的中华民族精神。西王母神话启示我们在中华民族现代文明建设中，要继续珍爱、尊重和升华生命。

燧人钻木取火

与创造发明的文化传统

燧人钻木取火，民国版画，《二十五史通俗演义》插图燧人氏被视为与有巢氏、伏羲氏并列的上古三皇之一。"燧",从火遂声,指早期取火器具。"燧人氏"之名显示了他的神话叙事与火密切相关,相传燧人氏发明了人工取火技术,被誉为"火祖"。但燧人氏神话的内涵绝不仅是人工取火这么简单,燧人氏还被塑造为早期天文学家,是中华创造发明传统的开创者。创造发明的文化传统是中华文明持续发展的重要推动力,在新的历史起点上建设中华民族现代文明,也应该继续发扬创造发明的传统,坚持守正创新,在对中华优秀传统文化进行创造性转化和创新性发展中创造时代新文化,让中华文明之光继续闪耀在世界东方。

一

早期人类用火经历了从使用自然火到人工取火的变化，火的使用极大地推动了人类历史进程，因此东西方先民都曾创造过火神话。普罗米修斯盗火是西方最著名的火神话，"盗火"情节反映的是发现和使用自然火的早期情形，而燧人氏神话表现的却是发明人工取火技术的历史记忆。相较而言，人工取火技术对人类的意义更重大，正如恩格斯曾评价的那样："就世界性的解放作用而言，摩擦生火还是超过了蒸汽机，因为摩擦生火第一次使人支配了一种自然力，从而最终把人同动物界分开。"（《反杜林论》）。也就是说，从文化价值和意义的角度来看，燧人氏取火神话超越了普罗米修斯盗火神话。但显然，普罗米修斯盗火神话具有更广泛的文化影响力，即使在中国，听说过普罗米修斯的人也可能更多。原因当然是多方面的，但最根本的在于我们缺乏对燧人氏神话的深入了解。

先秦《韩非子·五蠹》将燧人氏视为与有巢氏齐名的远古时期最著名的圣王之一，讲述说：远古时期的民众还没有掌握取火技术，大多时候只能生食河蚌蛤蜊等水生动物，不仅味道腥臊难忍，而且容易伤害肠胃，因此常常生病。这时一位圣人出现了，他教大家以钻木的方法取得火种，用火烧熟肉食以去除腥臭，很得民众爱戴，因此被推举为王，称为"燧人氏"。三国《古史考》还记录了燧人氏以火冶炼金属、制作工具之事，讲述说：早期先民的饮食直接采自大自然，依山而居的先民食飞禽走兽，傍水而居的先民食鱼鳖贝蛤。在还不会用火加工肉食之前，食生肉常常使民众生病。后来有一位圣人出现，发明了钻燧取火技术，教先民食用熟食，并用火冶炼金属，制作了各种工具，民众拥立他为王，号"燧人氏"。

古籍对神话的记述很简单，但先民从发现自然火，使用自然火，再到发明人工取火的历程却很漫长。先民对火的最初了解大约来自闪电引发的"天火"，他们曾目睹"天火"烧毁森林和草原，吞噬飞禽走兽，在感受到火的巨大能力之后，先民开始尝试引"天火"为己用，并努力保存火种。可能在一个偶然的机会中，先民发现了摩擦起火的原理，最终发明了钻燧技术。东晋《拾遗记》中的遂明国神话显示了这种偶然性：在地球之外，有一个名为"遂明"的神奇国度，国中生长着一棵名为"燧"的大树，枝干蜿蜒曲折，延展出万顷之远。有一位圣人遨游太空之时无意中来到遂明国，并在燧树下休息。他看到燧树上的一只鸟用喙啄树时火花四溅，于是受到启发，发明了用硬木棒摩擦木头的取火方法，这位圣人就是燧人氏。遂明国和燧树当然不存在，神话的创作原型其实是日常生活与劳作中碰擦产生火花的现象，先民受此现象的启发，探索出了钻木取火技术。

从反映的历史阶段来看，西方的普罗米修斯盗火神话早于燧人氏钻燧取火神话。那么，中国是不是没有反映使用自然火阶段的火神话呢？当然不是，水族的口传神话《阿昼送火种》、满族的口传神话《拖拉亚哈盗火》等都与普罗米修斯神话类似。中原地区口传神话《商伯盗火》是其中的代表。相传，商伯曾是天上火神。他听说凡间没有火，便偷偷向人间投下火种，但此事不仅没成功，商伯还因违反天帝的命令而被贬下凡间。下凡时，商伯偷藏了火种，后来教会了凡人用火。天帝得知此事后，决定降下洪水惩罚商伯。商伯带领百姓建起高台以保存火种，并最终为保存火种而牺牲。后来，百姓为纪念商伯而将高台称为"火神台"，台周围的土地也因他被命名为"商丘"。很明显，商伯是一位可以媲美普罗米修斯的悲剧英雄。

中国神话中不仅有盗火神话，也有表达原始先民火崇拜的更早期神话。火神祝融就是一位代表火之力量的古老神祇。先民最初崇拜的是自然形态的火，随着思维的发达，先民崇拜的火具有了自然形态之外的形象，出现了火神。最早的火神可能是动物形态，后来才转变为人的形态，其间经历过半人半兽的形态。"祝融"之"融"从"虫"，而虫在

祝融，东汉画像石拓片，山东嘉祥武氏祠

中国古代可以用作所有飞禽走兽的代名词，比如兽类被称为"毛虫"，鱼类被称为"鳞虫"，祝融在《山海经》中的形象是"兽面人身，乘两龙"，这些都说明火神祝融由来久远。不过火神祝融神话因为时间太过久远而模糊了，留存在文献中的大多是火正祝融叙事、南方神和楚人远祖祝融叙事，火神祝融神话在这些叙事中也留有一些蛛丝马迹。

《国语·郑语》说：祝融名黎，曾在帝喾时期担任过火正，他光明厚大，有天一般的光明和地一般的美德，

光耀普照四海，所以被命名为"祝融"，他的功德实在太大了。这段记录非常值得重视，"火正"不过是帝喾的臣子，对他的赞颂却比得上天神，原文为"淳耀敦大，天明地德，光照四海"，这明显是对能为人间带来光明的地位崇高的火神的赞颂。先秦时期曾将祝融祀为灶神，也是火神祝融神话的遗存。

祝融还被视为南方之神，久居南方的楚人将祝融视为自己远祖。公元前 635 年，发生了一场与楚人奉祝融为祖有关的战争，战争的双方是夔国与楚国。第一任夔王名为熊挚，本是楚国国君熊绎的嫡子，且有资格继承楚王之位，但楚人因其身有残疾而剥夺了他的继位资格，将其封于夔地。也就是说，夔国不仅是楚国的附庸国，还与楚国同源共祖，但夔王却不肯祭祀楚祖祝融，于是楚王派遣成得臣、斗宜申率军灭亡了夔国。祝融为何成为南方之神，乃至被楚人视为远祖呢？这其实是火神祝融神话在五行观念影响下发生的变化。五行是中国原始科学的基本概念，描述了水火木金土五种基本物质的运动变化。五行概念进入哲学后指向了世间所有事物。古人将很多事物都按照五行划分与对应，产生了东西南北中五种方位与五行的对应关系，南方对应五行中的火。

祝融本为火神，火又与南方对应，因此产生的"南方火"观念正是"南方祝融"神话的直接根源。也就是说，南方祝融神话中隐含着祝融本为火神的古老叙事。

二

从火神祝融到盗火的商伯，再到钻燧取火的燧人氏，中国火神话的丰富程度可见一斑，但中国火神话的魅力远不止丰富性这一点，大多数火神话还与先民的早期天文观测紧密相关。

祝融神话中最神秘的内容是祝融为荧惑星之神的叙事。荧惑星就是太阳系八大行星之一的火星，它虽然荧

祝融，明代版画，蒋应镐绘图本《山海经》插图

荧如火，但亮度常常变化，且时而顺时针运动，时而逆时针运动，很让人迷惑，因此被古人称为"荧惑星"，即又亮又让人迷惑的星辰。在缺乏天文观测工具的古代，荧惑星的运行规律很难被掌握，因此被占星家们视为妖星，认为它主战乱、灾害、死丧等。春秋时期齐国著名政治家晏子就曾利用"荧惑守虚"的天象规劝齐景公。"荧惑守虚"指火星运行到虚宿（即宝瓶座）中徘徊，这本是火星的正常运行现象，周期大约持续三个月，但古代占星家们因种种原因将其指为凶兆。齐景公在位的某一年，"荧惑守虚"的天象持续了很久，一时间人心惶惶。景公召晏子询问，晏子故意吓唬他说，这是景公执政出了问题，上天要降下灾祸的征兆。晏子借此劝告景公施行仁政，释放蒙冤入狱的人，把贪官的财富分给民众，救济孤寡老人，景公遵照执行后不久，荧惑星就从虚宿中移走了。荧惑星的最大特点就是明亮，如同火焰一般，因此古人将火神祝融也视为荧惑星神，也就是火星神，中国第一辆火星车被命名为"祝融号"正取意于此。

虽然荧惑星神话中有不少今日看来属于"封建迷信"的认知，但不能否认它是建立在古人对火星运行轨迹的观测基础之上。商伯盗火神话也与先民的天文观测密切相关。商伯，也称阏伯，相传他与实沈都是帝喾之子。阏伯与实沈是一对天生的冤家，一碰面就争斗不停。帝喾下令将他们迁徙到远处以远离对方。阏伯被迁到商丘，负责管理祭祀东方商星之事；实沈被迁到大夏，负责管理祭祀西方参星之事。这是一个典型的天文神话。商星与参星是呈东西相对之势的两颗恒星，两星相差一百八十度，一星升起之时，另一星已经下沉，永远不能同时出现在北半球的天空中。这两颗位置特别的星辰给先民留下了非常深刻的印象，促使他们创作出实沈与阏伯神话。

商星，在很多文献中被称为"辰星"，也就是二十八星宿之心宿三星之一——心宿二。我们的先民为了观测星空的便利，曾对星空进行了分区，形成了三桓、四象、二十八宿体系。三垣是北天极附近三个较大的区域，即紫薇垣、太微垣、天市垣。三垣之外，黄道带上的恒星被划分为东南西北四个区域，即青龙象、朱雀象、白虎象、玄武象。每一象又由七个星宿组成，星宿即星座，共二十八星宿。辰星是青龙象七宿之一的心宿中的一颗，在当代广泛使用的拜尔恒星命名法中被称为"天蝎座 α 星"。

辰星散发出火红色光芒，与火星类似而大得多，因此在中国古代又得名大火星。大火星是燧人氏神话叙事的重要内容。宋代《路史》记录了一则比较难以理解的燧人氏神话：燧人氏仰观天象，发现大火星出现在东方地平线上，于是告诉大家出火的时间到了。燧人氏为何要观大火星？"出火"又是什么意思？要回答这两个问题，要了解这则神话表达的真正内涵，就必须要了解燧人氏神话的叙事背景。

燧人氏神话的叙事背景是原始迁移农业生产。迁移农业是人类最早的农业生产方式，诞生于第四纪冰期结束以后。地球历史上曾发生过三次大冰期，最后一次称为第四纪冰期。第四纪冰期其实并不像它的名称所表现的那样持续寒冷，而是冷暖交替，时而冰层覆盖大地，时而草长莺飞。环境的剧烈变动对物种生存带来巨大挑战的同时也促进物种迅速进化，古猿进化成人类就发生于这次大冰期中，因此第四纪冰期又被称为"人类纪"。第四纪冰期结束于距今 1.2 万年左右，此后全球气温显著转暖，冰川大量融化。温暖的气候在促进原始社会人口爆发式增长的同时，也导致欧亚大陆、大洋洲、美洲等地同时出现被毛厚重的大型哺乳动物的灭绝潮，严重影响了原始先民的食物来源，采集、狩猎等不稳定的食物获取方式已经满足不了人口迅速增长的需要，发展种植农业以获得稳定食物来源成为生存的客观需求，于是迁移农业就产生了。

迁移农业，顾名思义，就是族群迁移到哪里就在哪里垦荒下种，然后任作物自然生长，成熟后去收获。因此对迁移农业时期的先民来说最重要的时间节点就是春耕时节。如何进行春耕生产呢？先民用石斧等工具砍倒野生植物，并放火将它们烧成灰以肥田，最后将采集的野生植物种子播撒在经过简单整理的地面上。对迁移农业生产有决定性影响的因素有两个——垦荒的方法和下种的时间。一方面，在植被茂盛而工具落后的原始社会垦荒，其难度远超我们的想象，一直到人工取火技术发明以后，以放火烧荒代替石制工具砍伐林木，才大大降低了垦荒的难度，从而促进原始迁移农业生产的扩大。另一方面，我国较为显著的大陆性季风气候决定了全年适合作物生长的无霜期偏短，为保证作物的正常生长，必须准确把握下种时间。烧荒下种时间的确定经历了漫长的探索，最终是天文观测解决了问题。恩格斯曾在《自然辩证法》中说：自然科学各个部门中最先发展的是天文学，因为"游牧民族和农业民族为了定季节，就已经绝对需要它"，中华先民也在仰观天象中寻找到了能提示他们春耕时间到来的大火星。

大火星是早期天文观测的重要对象和历法制定的重要标准星。先民最早注意到大火星可能因为它是夏季夜空中最明亮的星星，容易用肉眼识别。经过长期观察，先民发现大火星不仅闪耀在夏夜，在春季适合播种的时间也标志性地出现在东方地平线上，先民将这种天象作为提示开荒的标志，于是燧人氏仰观天象，发现大火星已经出现于东方的地平线上，告诉民众可以放火烧荒了。出火，就是放火烧荒。燧人氏时期，在大火星观测的基础上可能还制定出了早期大火星历。战国时期尸佼所著的《尸子》是目前可见的较早记录燧人氏观大火星神话的文献，其中讲述说：燧人氏仰观天象，见到黄昏时大火星出现于东方的地平线上，又俯察植物的生长情况，告诉民众放火烧荒的时间到了。可见，除了发明人工取火之外，燧人氏还是原始社会一位重要的天文学家。而辰星之所以有"大火星"之名，与它在东方出现时就意味着放火烧荒的时间已经到来有关。

先民对大火星的观测，取得了丰硕成果，二十四节气知识的初步总结就是在观测大火星的过程中发生的。二十四节气是通过观测太阳的视运动规律总结出来的时间知识体系，而大火星是一颗偕日恒星，表现出与太阳同升同落的规律，因此可以通过观测大火星而判断太阳的部分运行轨迹。以黄昏观测为例，当大火星黄昏时首次出现在东方地平线上时，大约是二十四节气的春分；当大火星黄昏时首次出现在南方正天空中时，大约是二十四节气的夏至；当大火星黄昏时出现在西方地平线上，随即很快隐没于地平线下时，大约是二十四节气的秋分。此后，大火星就不能在黄昏时被观测到，一直到第二年的春分。这些知识片段至今在先秦文献中还能寻找到，比如《尚书·尧典》有"日永星火，以正仲夏"的记录，意思是通过大火星黄昏时出现在南方天空正中和白昼最长的现象，来判定或校正夏至；又如《诗经·豳风·七月》以"七月流火"起兴，反复歌咏，说明七月流火的星象对当时先民具有重要意义。"流火"意思是观测到大火星黄昏时出现在南偏西的天空中，且更靠近地平线，时值秋天收获的季节，因此流火星象是当时先民用以判断秋收的重要标志；《左传·昭公三年》还将"火中，寒暑乃退"作为常识谈论，意思是大火星被观测到清晨出现于南方的天空中预示着寒气将要退去，大火星被观测到黄昏出现于南方的天空中则预示着暑气将要退去。大火星出现在这两个位置时分别就是二十四节气中的冬至和夏至。

三

燧人氏神话具有双重内涵，一方面它是人工取火技术的早期发明叙事，另一方面它也是早期天文历法叙事，集中体现了中华早期发明创造的传统，在中华文化史上曾产生过深远影响。

作为观象授时的标准星，大火星的观测和祭祀曾由"火正"负责，祝融和商伯都曾经担任过火正。到了西周，随着人权胜过神权，许多之前负责祭祀和通神的官员职责逐渐转为社会管理，火正的职责就是负责实施四季火令，一方面是下达点火和熄火的命令，另一方面还要引导白姓使用与季节相对应的木材取火，古人认为这样能防救时气造成的疾病。为何负责观测和祭祀大火星的官员会转变为管理人间火种的官员？这主要与传统天人感应观念相关。古人认为自然与人事交响感应，自然的发展变化能够影响人事、预示灾祥，而人也可以用自己的行为感应自然的发展变化。因此当古人观察到春分时大火星在东方地平线上出现时，就在人间举行相应的点火仪式；观察到秋分之后大火星隐没于西方的地平线下，就在人间举行相应的熄火仪式，以感应天象与季节的变化。在周代，负责上述仪式的是官员是司爟，《周礼·夏官·司爟》记录说：司爟在季春三月引导民众点火，在季秋九月引导民众熄火。

先民观测大火星并制定历法的时间远早于他们对星空进行四象二十八宿的划分的时间，后者大约是在商周时期成熟的。四象二十八宿概念产生以后，大火星被划入东方青龙象中的心宿。

当我们像古人那样将青龙七宿作为一个整体来观察，随着星宿自西向东的运行，青龙象表现出从头角开始逐渐显露于东方地平线上的升起趋势。春季首先出现在东方地平线上的是青龙的龙角部分，也就是角宿。角宿在东方开始升起

苍龙星象图，汉画像石拓片，河南南阳

之时的天象被古人称为"龙抬头"，周代龙抬头天象发生的时间大约在二十四节气的春分。龙在中华传统文化中的地位毋庸讳言，因此当苍龙在东方抬头，为了表示对龙的礼敬，民间举行庆祝活动，并形成了一些禁忌，比如不碰剪刀、针线以防刺到龙眼。早期禁忌还包括不能点火，因为龙主水，火克水，由此形成了禁火的行为与习俗。根据《周礼·秋官·司烜氏》的记录，周代负责引导民众实施禁火的官员是司烜氏。仲春二月，司烜氏在国都中摇动木铎，告诫人们严格遵守有关用火的禁令。

在四象二十八宿体系形成的商周时期，大火星初现于东方地平线上的时间大约已经推迟到二十四节气的清明。因此，先秦时期的民众在春分时节会因龙抬头天象的出现而禁火，在随后的清明节气又因大火星初现东方而点火。这些是后世寒食禁火冷食、清明改火习俗的真正来源。龙抬头天象引起禁火，因禁火而不得不冷食，从而产生了一个以饮食方式命名的重要传统节日——寒食节。但后来广为大众熟知的寒食节俗来源是为纪念春秋时期晋国名臣介子推。寒食禁火是民众修整灶台的时机，到清明时，再钻取新火种，重燃灶火，这就是清明改火。不少唐诗对清明时钻榆柳之木取新火的习俗都有记录，如"燧火开新焰，桐花发故枝"（孙昌胤《清明》），"霁日林园好，清明烟火新"（祖咏《清明宴刘司勋别业》）。不过，清明改火的天文学来源，也就是燧人氏所发现的大火星昏见东方的天象，早已被遗忘了。

天象知识是中国早期知识传承中断裂最严重的部分。明末清初思想家顾炎武曾说过："三代以上，人人皆知天文。七月流火，农夫之辞也。三星在天，妇人之语也。月离于毕，戍卒之作也。龙尾伏辰，儿童之谣也。后世文人学士，有问之而茫然不知者矣。"（《日知录》卷三十）"三星在天"见《诗经·国风·绸缪》，"三星"即参星，参星开始出现在天空中是黄昏时分；"月离于毕"见《诗经·小雅·渐渐之石》，毕即毕宿，古人认为毕宿主雨，月亮附于毕宿是降雨的征兆；"龙尾伏辰"见《国语·晋语》所记童谣，龙尾即箕宿，居于东方苍龙七宿之尾，故又称龙尾。辰指月朔时太阳所在的位置，古称"日月交会"。"龙尾伏辰"意思就是月朔时太阳运行到尾宿区域内，尾宿由于太阳强光而隐伏不见。可见，这些天象知识的传播与应用在先秦以前的民众中是非常普遍的，但今日了解这些知识的人却寥寥无几。究其因，与以燧人氏神话为代表的天文历法神话没有得到应有的重视相关。我们必须明白，神话不是什么"封建迷信"的东西，而是知识传承的重要载体。燧人氏观大火星神话其实是一则相当有价值的天文历法神话和原始农业起源神话，它表明中华农业生产从一开始就是受天文观测指导的生产实践，具有很强的科学性。同时，随着先民天文观测的发展，以大火星历为代表的早期历法被创造出来，并从一开始就有为生产服务的直接目的，具有很强的实用性。

无论是人工取火技术的发明，还是观测大火星以指导迁移农业生产方法的创造，燧人氏神话都为我们展示了中国火神话最容易被忽视的深层内容——对发明创造的早期文化传统的历史记忆，这既是中国火神话与西方火神话的显著区别，也显示了重视科学发现是中华传统文化重要内涵的特征。

伏羲画卦制婚

与整体认知的思维模式

伏羲女娲图，唐代彩绘绢画，新疆吐鲁番阿斯塔纳墓地出土

伏羲，也写作宓羲、包牺、庖牺等，是上古三皇之一，因此又称牺皇、皇羲。伏羲是中华创世神话中最重要的智慧之神，是善于创造、勇于革新的中华先民的杰出代表，他教民结网渔猎，创制准文字符号和八卦，为正姓氏而创立婚姻制度，这些神话叙事表现了具有中华特色的整体认知思维模式。中华文明所具有的突出的连续性、突出的统一性等特征的形成都与整体认知的思维模式密切相关，为建设中华民族现代文明，我们必须从整体认知的思维模式入手加深对中华文明发展史的了解。

一

伏羲的大部分发明创造叙事都围绕着生产劳动展开。

《易·系辞下传》《帝王世纪》《礼记·月令》《补三皇本记》等文献记录说：渔网与捕兽网都是伏羲在结绳的基础上进一步改进而成，应用于早期渔业生产与狩猎劳动中，使劳动效率得到了很大的提升。《路史·后纪》载：伏羲圈养驯化动物，让牛马成为人的交通工具，并帮助人将重物运送到远方，大大促进了社会的发展。《绎史》引《三坟》说：伏羲发明了

马麟《伏羲像图》，南宋

冶金技术，制造出炊具，教民众烹饪。《太平御览》引《新论》记载：伏羲发明了用杵棒在石臼中舂谷、稻，以去其壳的粮食加工技术。这些神话为我们保留了早期生产技术发明和应用的一些情况，展示了中华早期先民善于创造、勇于革新的特点。伏羲最重要的神话之一是发

明准文字符号，并在此基础上推演八卦，总结自然和人类社会运行规律的叙事。

世界各古老民族的神话中，大都出现过这样一种叙事：文字是天神赐予人类的。比如在苏美尔神话史诗《伊南娜与恩基》中，文字是智慧之神恩基创造的。有一次，恩基的女儿伊南娜趁他醉酒时向他求取文化财富，得到允许后不辞而别，迅速将这些文化财富带到了乌鲁克，其中就包括"书写术"，也就是文字。乌鲁克是苏美尔人建立的早期城邦国家，伊南娜是乌鲁克的守护神。在古巴比伦神话中，天神派出人头鱼身的使者欧南涅斯来到巴比伦尼亚，将文字、几何学、建筑术、法律和农业生产技术教授给人类。他的到来，结束了人类的蛮荒时代。此神话记录在公元前3世纪初成书的历史著作《巴比伦尼亚志》中。在古埃及神话中，文字是由图特神创造的。图特神长着朱鹭鸟的头和人的身体，他教给人们如何书写、计算，以及使用历法。在古印度神话中，创造神梵天在创造了世界万物之后，还根据万物的形状创造了文字，目的是为了避免人类遗忘。

但在中华创世神话中，文字并非天神赐予，而是祖先创造的，最早创造文字的祖先是伏羲。

文字的诞生经历了从实物记事到图画符号记事，再到成熟文字的漫长历程。结绳记事是一种实物记事方法，《周易集解》引《九家易》解释说："古者无文字，其有约誓之事，事大大其绳，事小小绳；结之多少，随物多寡。"在文字还没有发明的上古时代，先民以绳结来记录约定和重要之事，较大的绳结对应较重要之事，较小的绳结对应次要之事，有几个绳结便说明有几件事或几个事物。《庄子·外篇·胠箧》记录了结绳记事时代一些著名部族首领之名："昔者容成氏、大庭氏、伯皇氏、中央氏、栗陆氏、骊畜氏、轩辕氏、赫胥氏、尊卢氏、祝融氏、伏牺氏、神农氏，当是时也，民结绳而用之。"《说文解字·叙》认为发明结绳记事方法的人是神农氏。

由于绳结的可识别性较差，信息传达的准确度较低，随着社会的发展，先民又发明了契刻图符的方法以记事。契刻图符就是通过在木片、竹片或骨片上刻画图像符号的方法来记录数字、事件或传递信息。契刻图符虽不是文字，却是一种具有文字功能的准文字符号，因此又称为"书契"，是先民在探索文字的路程上迈出的一大步。《易·系辞下传》说："上古结绳以治，后世圣人易之以书契。"《经典释文》甚至将书契视为正式的文字："书者，文字。契者，刻木而书其侧。"

《尚书·序》也将书契视为最早的文字，并指出书契是伏羲氏发明的，"古者伏牺氏之王天下也，始画八卦，造书契，以代结绳之政，由是文籍兴焉"。伏羲氏统治天下的时候，创造性地绘制出八卦，并发明书契，用以代替结绳记事的方法来处理政务，从此文章典籍就产生了。可见，伏羲造书契神话就是最早的文字发明叙事，而伏羲造书契神话与伏羲画卦神话其实是一体两面的。元末明初陶宗仪在《书史会要·三皇》中指出："太昊伏羲氏，风姓，以木德王，龙马负图出于荣河，帝则之以画八卦，而文字生焉。盖依类象形谓之文，形声相益谓之

伏羲教民六种书法，明代版画，《盘古至唐虞传》插图

字，著于竹帛谓之书。……六书，八卦之变也，卦以六位而成，书以六文而显。"伏羲按照河图创制了八卦，从此文字就产生了。"文"是摹画事物的形象，"字"是形象与声音相互配合，将文字写在竹简和丝帛上就是"书"。六书是八卦的变化，卦由六个爻位组成，造字法共有六种。

伏羲如何创制文字和八卦的呢？《易·系辞下传》载：上古伏羲治理天下的时候，抬头观察天文气象，俯身观察地形地势，察看飞禽走兽的纹理和不同土地中生长的草木，就近取法人的身体，远处取象各种物形，于是创制了八卦，用以通达神明，类象万物。虽然后世一直将伏羲发明的这一套符号称为"八卦"，但类象万物的符号其实首先是可以起到信息沟通功能的准文字符号，或早期图像文字。这套符号与西方学者认定的许多早期图像文字类似，且更高级。比如被西方学界视为最早象形文字的苏美尔早期文字完全就是图像符号，苏美尔人画一块岩石表示铁石心肠，画一棵树表示房屋，画一只碗表示食物，画一个人头加一只碗表示吃。虽然现在已经无从得知伏羲时代创制的准文字符号的具体内容，但对现有考古成果的分析，也可以帮助我们大致概括出中华早期文字的发展历程。

根据考古发现，河南舞阳贾湖遗址、甘肃秦安大地湾遗址、安徽蚌埠双墩遗址、陕西西安半坡遗址、陕西临潼姜寨遗址、重庆大溪文化遗址、山东大汶口文化晚期遗址、浙江杭州良渚文化遗址、青海乐都柳湾遗址等文化遗址都出土过刻画符号。其中，贾湖遗址和大地湾遗址出土的刻画符号年代最久远，大约距今7800年左右，部分符号外形与甲骨文相似，共涉及象形、指事、会意三种创造方法。距今7000—6000年的安徽双墩遗址出土的陶片上发现刻画符号600多个，所表达的内容既包括日月、山川、动植物、房屋等客观事物，也包括狩猎、捕鱼、编织、种植、养蚕等生产劳动。这些发现表明在七八千年前，中华早期先民已经探索出了一些在日常生活中使用，并表示特定含义的符号。这些中国的刻画符号比苏美尔图像文字更成熟，产生时间更早，应该是人类最早的图像文字。

上述早期刻画符号的产生时间大约相当于神话中的伏羲时代。因此东汉文字学家许慎在《说文解字·叙》篇首就引用了伏羲神话，将伏羲画卦视为文字起源神话。可见，许慎也认知到伏羲在文字发明方面的重要功绩。

当然，在文字发明方面最著名的神话是仓颉造字，但仓颉造字神话所表现的已经是比较成熟的文字，无法反映早期文字的发展情况，所以《书史会要·三皇》将伏羲所创制的符号作为仓颉造字的基础，说："仓颉……仰观奎星圆曲之势，俯察龟文鸟迹之象，广伏羲之文，造六书。"仓颉抬头看到奎星圆曲的样子，低头看到乌龟和飞鸟等留下的踪迹，增广了伏羲创制的八卦，发明了六种类型的汉字构成和使用方式。这是相当有见地的看法。

但为何后世不断重复提及的神话是伏羲画卦，而非伏羲造字呢？这可能与贾湖遗址和大地湾遗址曾出土年代相近但形式不同的刻画符号所反映的现实相关。早期先民生活比较分散，一个族群的符号系统与另一个族群的符号系统可能差别非常大，在没有通过战争、婚姻等手段实现交流的情况下，不会产生有较大区域影响的共同符号系统。但不同符号系统中的计数符号基本以点、划为主，可用以简单交流。因此我们猜想，如果存在一种早期通用符号，应该是计数符号。但计数能力其实是逻辑思维发展的结果，对早期先民来说，看似简单的计数符号其实是一种比图像符号更高级、更复杂，也更难理解的系统，尤其涉及进位问题。其实很多古老神话记录了进位问题的解决，比如羿射十日。为何太阳不是十一个或十二个，一定是十个呢？因为先民在计算日数的过程中发明了十日一旬的进位法。计数符号的产生和应用是有重大影响的事件，因此先民在伏羲造字神话的传承传播过程中选择了计数符号，也就是后来八卦图中长横、短划的雏形，作为伏羲的主要发明物，以突出伏羲在文字发明过程中的重大功绩。

文字的发明仅仅是伏羲画卦叙事的第一重内涵。许慎概括伏羲画卦的目的是"以垂宪象"，即显示事物变化的基本法则模式，他认为，伏羲通过观察天地自然创作出的八种符号，可用以贯通神明之德和概括万事万物的情状。也就是说，八卦其实是一套用以解释和推演自然和社会变化规律的深奥哲学符号。解释自然和社会变化发展基本规律的符号系统的发明，这是伏羲画卦叙事的第二重内涵。

八卦图像的基础是阴阳两个符号，阴阳符号的多种组合产生了八种具有不同含义的新符号，构成了八卦。必须要说明的是，八卦这套哲学符号并非是在伏羲时代就发展成熟的，而是在后世不断总结和归纳的过程中日趋完善的。在八卦的基础上，后来又产生了融自然科学与社会科学为一体的古老经典《易经》。《易经》是对《连山》《归藏》《周易》三部分内容的总括，《连山》《归藏》早已失传，仅有《周易》存世。因为伏羲发明了八卦，以八卦为基础的《易经》后来也被认为是伏羲的发明，司马迁在《史记·太史公自序》中就写道："伏羲至纯厚，作《易》八卦"，至少在西汉，伏羲创作《易经》的神话已广为流传。当然，伏羲神话的传播也与汉武帝独尊儒术有关。《易经》由此被作为群经之首得到了前所未有的重视，而八卦是《易经》的核心，传为八卦创始人的伏羲也在汉代得到了前所未有的推崇。

伏羲画卦神话中有一个叙事逻辑特别值得重视，那就是八卦这套哲学符号是从对自然的观察中总结概括出来的。神话说他仰观天文，俯察地理，既查看鸟兽的纹理和草木的生长，又关注人的身体，从而抽象出八卦符号。而这套从自然中总结出的哲学符号，更重要的应用在于解释和预测人类社会的发展。也就是说，伏羲画卦叙事隐含着将自然和人类社会视为一个互相影响的整体的认知，如此源于自然的八卦符号才可以预测人事。整体认知的思维模式是中国古代哲学和中国人认知世界的核心基础，比如天人合一的思想就是整体认知思维模式的体现，又如中医理论以阴阳五行为核心也是一种整体认知。

二

婚姻是关系到族群繁衍的重大问题，人类的婚姻大致经历了从群婚到对偶婚、从族内婚到族外婚的演变，最终形成了一夫一妻制。各古老民族都有关于婚姻产生的神话，有趣的是，古老神话中的夫妻总是具有血缘关系。

古希腊神话大量描述了母子、兄妹之间的血缘婚。大地女神盖亚与自己的儿子乌拉诺斯结合，生育了提坦十二神。乌拉诺斯死后，他的儿子克洛诺斯成为众神之首，克洛诺斯娶了自己的姐妹雷雅为妻，生了六个孩子。其中之一的宙斯后来推翻了克罗诺斯的统治，成为众神之王，又娶了他的姐妹赫拉为神后，此外，还有若干姐妹为宙斯生育过孩子。古希伯来人的婚姻神话就是亚当夏娃神话。相传耶和华造了一座伊甸园供最早的男性人类亚当居住，又趁亚当熟睡时取了一根肋骨制造了女性人类夏娃。亚当和夏娃在撒旦的引诱下，吃了智慧树的果实，懂得了男女之别和两性结合的方式，因此被赶出伊甸园。从此他们开始繁育后代，成为最早的人类夫妻。他们的孩子则互相婚配为夫妻，不断繁衍。

这些早期叙事表明人类的确经历过血缘婚时代。相传，中华文化史上第一对夫妻伏羲女娲的婚姻也是血缘婚。

唐代笔记小说《独异记》这样记录伏羲女娲的婚姻神话：宇宙刚开辟时，世界上只有伏羲、女娲兄妹二人。他们生活在昆仑山下。为了繁衍子孙，二人商量结为夫妻，但又因为是兄妹而感到羞耻。于是他们就想让上天来决定他们能否结为夫妻。伏羲与女娲来到昆仑山上，各自燃起火堆，对上天祈祷说：如果上天允许我们结为夫妻，就让火堆冒出的烟合起来，如果不允许就让烟散开。后来，火堆冒出的烟在天空中合为一体，伏羲与女娲就结为了夫妻。在他们举行婚礼时，女娲用草编的扇子遮住了面庞。

东汉《风俗通义》也说："女娲，伏羲之妹。"兄妹成婚是原始血缘婚的遗俗，《吕氏春秋·恃君览》解释族内血缘婚的产生说："昔太古尝无君矣，其民聚生群处，知母不知父，无亲戚兄弟夫妻男女之别，无上下长幼之道。"后来，先民逐渐认识到有血缘关系的男女诞育的子女，在身体健康状况和智力水平方面都明显不如与外族男女诞育的子女，于是族外婚就产生了。在稳定的族外婚形式确定之前，先民为了保障后代的素质，还曾以抢婚方式掠夺其他氏族的适婚男女，相传抢婚一般在黄昏进行，因为光线昏暗适合抢夺。古代结婚仪式多选择在黄昏举行，"婚"字曾写作"昏"，这些被认为是抢婚的遗俗。

但伏羲女娲神话并非对血缘婚的简单记录，它反映的其实是血缘婚禁忌。大量至今仍口头流传的伏羲女娲兄妹婚神话也都如《独异记》一般，解释说血缘婚发生的原因是仅有兄妹二人，不得不互相婚配，明显表达了血缘婚禁忌。比如苗族的伏羲女娲神话说：在一场大洪水之后，人类灭绝了，躲在葫芦里的伏羲、女娲兄妹俩却安然无恙。为了繁衍人类，兄妹不得不成婚。畲族的伏羲女娲神话也讲：天下还没有人类，只有大山之中的伏羲女娲兄妹。两人想尽办法也没有造出人种，只得互相婚配繁衍。

伏羲女娲神话对血缘婚禁忌的强调还表现在占婚和障面两个情节中。

占婚，就是为婚姻占卜，将缔结婚姻的决定权交给天意。《独异记》中的占婚形式是烟占，即通过烟的合与散来占卜。六朝时期的敦煌遗书残卷《天地开辟以来的帝王纪》也记载了伏羲女娲兄妹婚配神话，但叙述的是另外一种占卜形式：伏羲与女娲进入昆仑山，一个向左走，一个向右走，他们祷告说如果最终能相遇，就说明上天允许他们结为夫妻。占婚后来发展为中国传统婚礼的重要组成部分，即"六礼"中的"问名"。问名就是男方请媒人带着礼物到女方家里询问女方的姓名和八字等信息，并将这些信息拿去卜问吉凶，作为征求天意的重要环节。占婚通过天意占卜的形式把人间普通夫妻关系的确立上升为符合天意的神圣行为，使缔结婚约的双方产生慎重对待婚姻的态度，客观上有助于保持婚姻和家庭的稳定，有助于婚生子女的健康成长，从而对社会的稳定产生积极影响。

障面，就是遮挡面部，在《独异记》中，女娲因兄妹互相婚配感到羞耻，便在结婚时以草扇遮脸。敦煌遗书《天地开辟以来的帝王纪》中也有类似的情节：两人结婚的时候，伏羲用树叶遮脸，女娲用芦花遮脸。障面后来也成为中国传统婚礼的重要习俗。如北宋《资治通鉴》载：唐中宗景龙二年的除夕夜，中宗兴起，为御史

大夫窦从一在宫中完婚。新娘以金缕罗扇遮面，与窦从
一对坐。在某些时候，新娘遮面甚至成为婚礼中最重要
的环节。唐代《通典》记录说，东汉魏晋时期曾流行一
种"拜时婚"，因为时局混乱动荡，适逢结婚吉日，民间
便匆忙嫁娶。他们创造了一种简易的婚礼形式，用纱蒙
住新娘的头，再由新郎揭开，然后拜见公婆，婚礼就完
成了。在古代，新娘遮面习俗伴随着伏羲神话的传承传
播，客观上强调了血缘婚禁忌，有助于人口素质的提高。
直到当代，中式婚礼中依然保留着遮面和揭盖头环节，
但遮面习俗所表达的血缘婚禁忌的内涵早已不为人所知。

三

　　人类婚姻制度的确立是一个漫长的过程，也是早期
社会治理不断尝试，寻找最有利于提高人口素质和促进
社会稳定的两性关系方式的过程。一部分伏羲神话讲述
了伏羲制定嫁娶礼仪和规则的功绩。

　　汉代《古史考》说：上古社会，男女之间没有明确
的婚姻关系。伏羲制定了嫁娶的规矩，需要用俪皮作为
礼物；伏羲统一了姓氏，设置媒妁来协助婚娶，重视人
伦道德，从此以后，百姓才变得恭敬。"俪皮"就是成

女娲氏奏帝（伏羲）排驾去孟河，明代版画，《列国前编十二朝》插图

对的鹿皮，是男女双方订婚后男方赠给女方的礼物，与野蛮的抢婚行为相比，这是一种文明雅致的求婚方式。"以俪皮为礼"后来逐渐演变为传统婚姻六礼中的"纳采""纳吉""纳徵"等仪式。"纳采"指男方派遣媒人去女方提亲，女方初步应允之后，男方赠送大雁作为礼物。因为以大雁作为约定的信物，纳采又被称为"委禽"；"纳吉"指男方在问得女方姓名和八字，并卜得吉兆后，再次派遣媒人到女方家里，告知缔结婚姻的最终决定；"纳徵"则指男方将聘礼送给女家，因为聘礼中往往包含部分金钱，因此又被称为"纳币"。即使到了现代社会，不少中国人的婚礼中还保留着男方向女方赠送"聘礼"（即彩礼）的习俗。

伏羲制定嫁娶礼仪和规则的目的是什么？《古史考》

说，是为了"正姓氏"。与后人将"姓""氏"混用不同，先秦以前的"姓"与"氏"有明显区别。《说文解字》解释说："姓，人所生也，因生以为姓，从女从生。"也就是说，姓是人生下来就有的，用来标示共同的血缘关系。姓是同一个祖先的标志。随着同一祖先的子孙繁衍的增多，家族会分成若干分支散居。各分支的子孙除保留姓以外，另取一个称号作为标志，这就是"氏"。可见，"氏"由"姓"所出。武王灭商后建立的分封制，对姓与氏的关系进行了强化。诸侯的嫡长子继承王位和爵位，其后代不变姓，这是大宗。嫡长子以外的儿子不能继承王位，获得封地另立一家，同时获得新氏，往往以封地为氏，称为小宗。也就是说，"姓"可以用来判断是否具有共同血缘关系，而"氏"则可以用来区分贵贱。

"正姓氏"的关键在于"正姓"。"姓"不正的情况大约与先民曾经历过的母系社会到父系社会过渡时期的混乱状况有关。当时，从母居与从父居两种婚姻居住形式相互斗争，子女有的随母姓，有的从父姓，导致了社会关系的混乱，尤其是婚姻关系的混乱。姓是判断血缘关系的重要标志，如果姓的来源不统一，就容易造成近亲结婚，导致畸形后代的产生，从而降低人口素质，因此需要"正姓"。

先秦时期的民众已经将"同姓不婚"作为一条重要规则，《左传·僖公二十三年》有"男女同姓，其生不蕃"一句，《国语·晋语》也有"同姓不婚，恶不殖也"的记载，意思都是同姓的男女婚配将导致子嗣凋零。《礼记·曲礼》在肯定同姓不婚的原则下，甚至建议说：即使买了没有姓的妾，也要通过占卜为她确定一个姓。"正姓"明确了血缘关系，有助于建构稳定的家庭秩序和社会秩序。我国婚姻法禁止直系血亲和三代以内的旁系血亲结婚的规定，从法律上保证了人口的基本素质，也可以视作伏羲"正姓氏"叙事的延续。

伏羲、女娲作为中华历史上第一对配偶神和婚姻制度的开创者，曾具有极高地位。汉代人出于崇拜和祈求庇佑的目的，曾将他们的形象刻画在墓室墙壁和石棺上，为我们留下了大量珍贵的汉画像石图像资源。在汉画像石中，伏羲、女娲几乎是出现频率最高的祖先神，他们最为显著的形象特征是人首蛇躯，成对伴出，相依共存。不少画像石中的伏羲与女娲上身并立而尾部交缠，二神还常常手持象征方圆的规、矩，或捧举象征阴阳的日轮、月轮。不少出土于新疆吐鲁番的唐代绢、麻画中也有类似的形象，而且伏羲女娲周围往往绘以星辰。这样的图像构成值得重视，是二元对立统一的中国传统哲学观念的表达。

伏羲女娲是中华文化史上第一对夫妻，而夫妻与阳阴、天地、日月具有类比关系，是对立统一的，古人认为宇宙万物和人类社会都处于这样的二元对立统一关系中，夫妻和顺是社会正常运转以及宇宙天地正常运行的基础，具有至关重要的作用。这同样也是一种整体认知的思维模式。正如《幼学琼林》所讲："孤阴则不生，独阳则不长，故天地配以阴阳；男以女为室，女以男为家，故人生偶以夫妇。阴阳和而后雨泽降，夫妇和而后家道成。"意思是只有阴不能创造生命，只有阳也不能养育万物，所以天地阴阳必须调和；男子娶了女子才能组合成家庭，女子嫁给男子才有了家，因此人生以夫妇为配偶，阴阳调和而后才会降下雨露。夫妇和睦协调，家道才算有成。

神农辨尝百草

与不惧牺牲的民族精神

神农采药图，辽代纸本设色，佚名

炎帝，姜姓，氏为神农，号为炎帝，是上古时期著名的部落联盟首领。炎帝神农氏教民稼穑、革新农业技术和创制医药，不仅极大地推动了华夏早期农耕文明和中医药文化的发展，更展现了不惧牺牲、勇于奉献、开拓进取、自强不息的民族精神。党的二十大报告指出，中国式现代化的特征之一是"物质文明和精神文明相协调的现代化"。如果说创造发明的文化传统能帮助我们培育现代创新文化，促进物质文明的发展，那么不惧牺牲、勇于奉献等民族精神则能帮助我们增强实现中华民族伟大复兴的精神力量，促进精神文明的发展。

一

农业是中华古代文明的重要组成部分。农业的产生不仅标志着人类告别了茹毛饮血的蒙昧阶段，也标志着人类进入了一个依靠自身努力不断发展壮大的崭新时代，为华夏文明的发轫和中华民族的形成奠定了最初的物质基础。炎帝神农氏是中国农耕文化的标志性人物，关于他的神话叙事是中华创世神话中最重要的组成部分之一。

神农尝百草邮票，中国邮政2019 年发行

当然，农业神话也是世界各民族神话的重要组成部分，很多民族的农业神话讲述了神向人类传授农耕技术的叙事。比如古埃及人认为农业技术是奥西里斯传授给人类的。奥西里斯是地神盖布和天神努特的儿子，当然也是一位神。相传奥西里斯在任埃及国王期间，与他的妹妹兼妻子——生产女神伊西斯一起教民众开垦田地，播下种子，到了秋天又带领民众去收割庄稼，还教他们把谷粒碾成粉末，做成干粮。奥西里斯还教埃及人种植葡萄和大麦，以及将它们酿成饮料和啤酒的方法。历法

也是奥西里斯传授给民众的，埃及人从此以后可以按照季节进行农业生产。在古希腊，人们认为是农业女神德墨忒耳向人类传授了耕种技术。相传，德墨忒耳曾把小麦种子赠送给埃莱夫西斯国王最小的儿子特里普托勒摩斯。特里普托勒摩斯遵照德墨忒耳的指示，乘着双翼龙驾驶的神车飞遍全国，到处教人们种地。

但在中国农业神话中，农业技术是祖先们探索、开创和不断革新的，并非来自神的教授，其中充满着诸多艰辛。一些神话讲述了神农氏开创农业的功绩。汉代《新语·道基》说：神农氏认为仅靠捕猎难以让百姓吃饱，于是开始寻找可以食用的植物，他遍尝百草，分辨它们的不同味道，终于寻找到适合种植的植物，然后又教给民众如何耕种。《淮南子·修务训》也载：上古的时候，民众只能食用采集来的野生植物，喝生水，生吃动物肉，经常生病。于是，神农开始教民众根据土地的干燥湿润、肥沃贫瘠等情况，选择合适的土地进行耕种。

当然，神农氏时期的原始农业已经有了一定发展，迁移农业时代结束，先民进入了定居农业时期，因此更多的炎帝神农神话表现了定居农业早期先民的农业生产情况，并将神农氏塑造为推动中华农业耕作技术取得突破性进展的关键性人物。

《帝王世纪》这样讲述神农氏的出生神话：炎帝神农氏的母亲妊姒，是有蟜氏之女，名为女登，她是少典的正妃。有一天，她去华阳游玩时，感应到神龙之头而怀孕，后来就生下了神农氏。神农氏牛头人身，在姜水之滨长大，因此以姜为姓。姜水之滨的描述说明神农氏部族生活在土壤和水源条件较好的地区，大致在今山西南部、陕西南部一带。考古发现也表明这一片区域在新石器时代土壤肥沃，水系众多，种植农业发展很早。在神农氏之前，在此生活的先民已经在农耕方面有了一定探索，这就为神农氏在农耕方面取得突破性进展、开创早期种植农业的高潮奠定了良好的基础。牛头人身的样貌可能代表这一部族以牛为图腾，也可能说明神农氏时期已经出现了牛耕技术。根据考古发掘的成果，大概在距今五、六千年前的新石器时代，中华先民已经开始将野牛驯化为家牛，因此不排除神农氏部族已经开始对牛耕技术的探索，毕竟畜力的使用能够大大提高农业生产效率。

根据炎帝神农氏神话讲述的内容，可以将神农在农业方面的贡献概括为良种的选育、农具和农田灌溉技术

神农教民稼穑，民国版画，《二十五史通俗演义》插图

的发明和改进，以及农业历法的探索等几方面。

教民稼穑是炎帝神话中传播最广、最神奇的叙事。东晋《拾遗记》载：炎帝时，有一只丹雀口衔九穗禾飞过，有些稻穗掉落了，炎帝就捡起来，种在田里，据说，吃了这些稻谷的人只会老不会死。清代《嘉禾县学记》也载：炎帝时，天降嘉种，炎帝便捡起来，以它们为种子教民众耕种。清代《绎史》引《周书》记录说：神农氏时期，天上像下雨一样掉落了很多粮食，神农氏将它们种在田地里，从此以后五谷兴旺，老百姓再也不用采集野果充饥了。

嘉种当然不是上天降下的，而是早期先民在长期农业耕作实践中发现并培育的。我国是粟和水稻的原产地。粟即谷子，去皮后是小米，曾是黄河流域先民的重要主食。有一个成语叫"良莠不齐"，"莠"就是狗尾草，"良"指的是粟。黄河流域先民早在六七千年前就已经开始栽培粟，而粟的祖先是狗尾草，先民经过长期选育，最终将狗尾草培育为粟。因为粟与狗尾草的幼苗外形相似，所以先民在种植粟时常常需要清除野生的狗尾草，"良莠不齐"的成语就诞生于清除狗尾草的田间劳动中。水稻是长江流域先民的重要主食，先民将野生稻培育为栽培稻也发生于新石器时代，河姆渡遗址曾大量出土的距今六七千年的稻谷和谷壳便是重要证明。富含淀粉的谷类作物的培育和种植在华夏先民的种群延续中起到了决定性作用，其价值如何估量也不为过。由此，神农神话中出现了上天降下良种的情节。

在神农创世神话中，他的另一大重要贡献是创制了较为先进的农具和发明了井水灌溉技术。

原始农业初期，先民曾使用简陋而笨重的石制生产工具，生产效率低下，农作物产量也不高。到了炎帝时期，较为轻便和灵巧的耒耜等木制农具被发明出来了。《易·系辞下传》载：神农氏代替伏羲氏治理天下的时候，发明了木制的耒和耜，并将它们的制作和使用方法教授给百姓。《逸周书》说：神农氏发明了烧陶技术，还冶炼金属制作了斧和巾，并用斧巾砍削木头，制作了耜、锄、耨等农具。民众使用这些农具垦荒种田，粮食获得了大丰收。"耒耜"也称耒锸，是我国最早用于垦掘农田的工具。因为时间久远，对于耒耜的具体形制，学界有不同的声音。有人认为耒耜是两种农具，耒为木制的双齿掘土工具，耜为木制或木石一体的铲状耕田工具。也有研究认为耒耜为同一种木制工具，上部是弯曲的手柄，下部为中间分叉的木铲。无论耒耜是什么形制，可以肯定的是，耒耜的发明对提高垦荒效率和扩大农耕生产规模起着决定性作用，直接促进田野农业的实现，并提高了单位面积的粮食产量，为新石器后期先民社会的大踏步前进奠定了良好的物质基础。

神农神话是诞生于黄河流域的农业神话，黄河流域具有鲜明的大陆性季风气候，春季往往干旱少雨，很不利于农业生产的发展，因此先民很早就开始探索降水的规律，并掌握了一些根据天象变化预测降雨的本领。《太平御览》引《尸子》说：神农氏治理天下的时候，能操控降水的时间。五日下一次的是行雨，十日下一次的是谷雨，十五日下一次的是时雨。降水非常规律，与四时相匹配，万物都从中受益，所以称他"神"农氏。操控降雨的情节表达了先民对于风调雨顺、五谷丰登的美好向往和对把握自然规律的渴望。

然而，操控降雨仅仅是一种美好的想象，更实际的为农田提供稳定灌溉的方法是掘井取水。东汉《论衡·感虚》曾记录说神农氏时期"耕田以为土，凿地以为井"。北魏《水经注》记录了一则与神农氏掘井有关的神话：郦道元某次行至今湖北随州境内的烈山附近，听到当地百姓相传，烈山下的一处洞穴就是神农氏的出生地，于是他想到这大约就是《礼记》中将神农氏称为烈山氏的来历。他还看到了九口水井遗迹，于是又想到诸子著作中曾记录过的九井神话：炎帝诞生时，地上涌现出了九口水井。九井之水彼此相连，只要汲取其中任何一井之水，其他八井之水都会涌起波澜。这些神话叙事表明神农氏时期可能已经出现了挖井取水的技术。挖掘井水用以灌溉是农业进步的重要标志，改变了之前单纯靠天吃饭的被动局面，在早期农业发展过程中也起到了重要的推动作用。

主要作物的成功培育和广泛种植，以及对农业灌溉问题的探索，都代表着中华先民已经走上了一条精耕细作的农业生产之路。如何精耕细作呢？《白虎通义·号篇》载：神农氏能把握季节、温度、降雨的变化，能辨别土壤的干燥湿润、肥沃贫瘠等情况，并制作耒耜等劳动工具，教授民众耕种的技术，就如同神灵教化民众那样，老百姓都爱戴他，称他为"神农"。这里不仅讲述了神农氏发明生产工具的情况，还强调了神农重视了解气象的变化，而把握气象变化为农业生产服务的根本办法就是不断丰富节气知识并在此基础上制定历法。唐代《艺文类聚》卷五引三国杨泉所著的《物理论》说："畴昔神农始治农功，正节气，审寒温，以为早晚之期，故立秝日。"神农开创农业生产，安排好节气，观察分析冷暖的情况，规定播种收割的早晚时间，并在这些经验的基础上创立了用以指导农业生产的早期历法。显然，神农氏时期先民对节气的把握已经超越了燧人氏时期。神农氏测定节气，辨别冷暖的根本目的是为了确定播种、收割的最早和最晚时间，并在此基础上创立了以节气为主要内容的历法。也就是说，可能从炎帝神农氏开始，以节气历法为代表的中华古历法便已逐步得到了确立。

在神农氏的带领下，先民的农业生产技术取得突破性进展，生产力水平得到了极大提升，结果就是剩余产品越来越多，于是以物易物的早期商品交换行为也产生了。相传最早的贸易制度也是神农氏制定的。《易·系辞下传》载：神农氏曾确立了"日中为市"的贸易制度。"日中为市"就是民众在太阳到达头顶正上方的时候，集中到市场里进行交易。"日中为市"贸易制度的确立促进了农业生产工具和剩余产品的流通，激发了先民对于农业生产的兴趣，从而客观上促进了农业生产的整体发展。直到近现代，不少偏远地区的民众依然采用"日中为市"的方法进行贸易，过了"日中"，集市上便空无一人。

二

神农氏时代的先民在播种五谷的过程中，积累了众多的植物知识，并从中发现了治疗疾病的草药，由此开启了中医药发展的历程。神农尝百草神话是中国最早的医药神话之一。

医药神话也是世界各民族神话中普遍存在的叙事。比如，古埃及人尊崇的医神是火神普塔之子伊姆霍特普。相传，他是一位凭借自己在医学和建筑学等方面的贡献而荣登神位的普通人。伊姆霍特普不仅能用娴熟的医术为人们解除病痛，还可以利用巫术对人们进行心理疏导，据说他甚至可以在梦境中为人们解除痛苦，因此被古希腊人认为是人神同体。又如，太阳神阿波罗和他的儿子阿斯克勒庇俄斯是古希腊人崇拜的重要医药之神。相传阿波罗能使人类身体健康、强壮，还能让人类繁衍。他的儿子阿斯克勒庇俄斯自小由马人喀戎抚养长大，并学得一身好医术。学成之后，阿斯克勒庇俄斯到处为人治病，从死神那里夺回不少生命，使冥界大量减员。宙斯感到威胁，便用雷电击死了他。后来，宙斯又将阿斯克勒庇俄斯升为蛇夫星座，民众也尊他为医药神。

中国最早、最重要的医药之神是神农氏。与古埃及人、古希腊人将神或半神之人奉为医药之神不同，中华创世神话中的神农氏没有任何神的血统，他的原型只是原始社会后期一位部落联盟首领。一介凡人如何成为医药之神？是他甘于奉献、勇于牺牲的精神让世代中国人奉他为神。

《淮南子·修务训》载：神农氏"尝百草之滋味，水泉之甘苦，令民知所避就。当此之时，一日而遇七十毒"。神农氏曾亲自品尝百草的滋味、水的甘苦，让百姓知晓如何避开有害的东西，取用有益的事物，曾一天内中毒七十次。神农尝百草，对后世是神话，对先民来说却是现实。早期先民常常受困于食物短缺，不得不尝试几乎每一种可以咀嚼和吞咽的植物、动物，甚至是非生物。即使在种植农业有了一定发展的时候，先民有时也需要采摘野果野菜弥补收获的不足。由于对自然界认知的不

亲尝药草疗民疾，明代版画，《开辟演义通俗志传》插图

足，误食毒草毒虫的事情时有发生。后来人类所有关于植物、动物对人体作用的知识，都可以追溯到先民为解决饥饿问题而进行的种种尝试中。可以想见，这些勇敢的尝试中曾有过多少牺牲，神农尝百草"一日而遇七十毒"的情节便是对此过程的记录与反映。

神农尝百草神话影响深远。20世纪80年代，学者曾在湖北神农架地区采录到一首记录汉族神话与历史的口传叙事长诗《黑暗传》，其中也传承了神农尝百草神

话。"当时天下瘟疫广，村村户户死无人，神农治病尝百草，劳心费力进山林。神农尝草遇毒药，腹中疼痛不安宁，急速尝服解毒药，识破七十二毒神，要害神农有道君，神农判出众姓名，三十六计逃了生。七十二种还阳草，神农采回救黎民，毒神逃进深山林，至今良药平地广，毒药平地果然稀。"长诗将神农尝百草神话放在瘟疫大流行的背景中讲述。因为瘟疫暴发，想要救助民众的神农便进入深山中去寻找草药。他依靠口尝的方法分辨植物的药性，先后遇到七十二种毒草。最终神农寻找到七十二种可以起死回生的救命草药，挽救了民众的性命。长诗还记录了一些当地民众总结的植物知识，如"良药平地广，毒药平地果然稀"，意思是有毒的植物多生长于深山老林，而在人类栖居的平坦开阔之地，对人体有益的植物较多。这种情况其实是因为先民在长期垦拓中改变了居住地周边的自然环境，他们有意识地种植有益、有价值的植物，同时清除那些有毒、有害的植物，人们生活生产的区域才越来越安全。

在古希腊医药神阿斯克勒庇俄斯的神话中，也有寻找救命草药的叙事。相传，有一次一条毒蛇爬到阿斯克勒庇俄斯的手杖上，被他杀死。后来另外一条毒蛇口衔药草而来，它把药草敷在死蛇上，过了一会儿，死蛇就复活了。阿斯克勒庇俄斯受到启发，在蛇爬过的草地上找寻到能够起死回生的草药。此后，这条蛇就被称为圣蛇，一直盘绕在阿斯克勒庇俄斯的手杖上。而这根缠绕着蛇的手杖后来成为西方医学界的标志，世界卫生组织的会徽上就有一根盘绕着蛇的手杖。神农在寻找救命草药的过程中，几乎牺牲了性命，而阿斯克勒庇俄斯寻找救命草药的过程中连一条蛇也没有死。

因为被神农的自我牺牲精神感动，后世对神农尝百草神话进行了加工，产生了不少帮助神农辨别药性的工具和助手神话。

比如《搜神记》《补三皇本纪》记录了一种帮助神农辨别草药的神器——赭鞭。赭为赤红色，所以赭鞭就是一条赤红色的神鞭。相传，神农氏手持赭鞭鞭打植物，便能了解植物是否有毒，了解它是寒热还是温凉，了解它的味道是甜还是苦，并基于这些信息判断出该植物所能治疗的疾病，从此以后才有了医药。"赭鞭"是古人想象的神农用以辨别植物毒性的工具。赭鞭神话的产生，可能与原始巫术有关。红色在原始先民的意识中象征血液，而血液则被他们视为与生命、灵魂相关联的生命物质，因此初民社会中曾普遍存在过以血液或红土涂抹死者，以诱其还阳再生的巫术行为。根据考古发现，距今一万八千年前的山顶洞人曾举行过召唤亲人灵魂重返人间的信仰仪式，为此他们在亲人的尸体上撒下含有赤铁矿的红色粉末。神农神话中的"赭鞭"大约也被设定为一种有灵性、有生气的巫具，可以通过接触了解植物的性质。赭鞭神话曾广泛流传，南朝任昉在《述异记》中说成阳山中某处有名为"神农鞭草处"的遗迹，又称神农原，也称药草山。山上有一座紫阳观，相传神农曾在这里鞭草辨药，其中还生长着一棵千年龙脑树。初唐四杰之一的王勃在《广州宝庄严寺舍利塔碑》中也写道："昔者万人疾疫，神农鞭草而救之"，说明神农用神鞭寻找草药治病的神话在唐代还很盛行。

相传神农还让药兽帮助自己寻找草药。元代笔记《芸窗私志》记录说：有白民族人向神农进献了一种药兽。一旦有人患病，神农就拍着药兽跟它耳语一番。说完以后，药兽就偷偷跑到野外，衔取药草返回。神农将这些草捣成汁水，让患者服下，患者很快就康复了。后来，黄帝命令臣子风后将药兽取的药草和治疗的疾病记录下来，时间长了，就积攒了很多验方。白民是生活于中原地区以外的古老族群。《山海经·大荒东经》说白民是帝俊的后裔，《海外西经》说白民国在西方鱼龙之北。据说，白民国人皮肤很白，还披散着白色长发。国中有一种叫做乘黄的兽，形体如狐狸，背上有角，骑乘它的人寿命可达二千岁。如此神奇的部族，自然可以向神农进献一只药兽。神农的药兽在民间也被称为"獐狮"，其外形类狮又似狗，民间有"药不过獐狮不灵"的俗语，至今还有中药店供奉陶瓷或石质的小獐狮。

作为医药之神，《世本·作篇》认为神农还是"和药"救人方法的开创者。和药，即将数种中药配合使用，这种方法一定是建立在单一中药知识已经比较丰富的基础上，和药叙事表达了后世之人对神农医药神身份的认同。《广博物志》卷二十二引《物原》甚至说：神农不仅能辨别植物的药性，还开始研究病人的气息和脉搏，发明了针灸的方法，并根据不同病症开出不同药方。《物原》记录的神农发明针灸神话，并非纯粹的想象。新石器时代的一些文化遗址中曾出土过原始医疗工具——砭石、砭针，这些工具正是后世针灸工具的雏形。比如在距今 6000 年左右的西安半坡遗址中曾出土过一件骨器，为一端有刃，一端有尖的两端器，是先民刺病用的骨砭针。早期先民在野外劳作中容易受外伤，因为没有消毒意识，这些伤口常常化脓、溃烂。先民发现，如果用尖锐的石块划开伤口排脓、放血、去腐肉，外伤比较容易愈合。于是他们摸索着制作出了锥形、楔形等一端尖锐的石器或骨器，即砭石或砭针。这些是人类最古老的医疗器械。

上述这些神话叙事的产生，可能与东汉时期集结的中国第一本药学著作被命名为《神农本草经》有关。《神农本草经》又称《本草经》或《本经》，是中医四大经典著作之一，第一次系统总结了中医药的发展经验，该书提出的大部分中药学理论和配伍规则在几千年的用药实践中发挥了巨大作用。在李时珍的《本草纲目》出现之前，《神农本草经》一直被视为最权威的医书。此书以"神农"之名命名，表现了古人对于神农氏开创医药功绩的深刻认同。

炎帝神农氏教民稼穑、革新农业技术和创制医药的叙事，不仅开创了华夏农耕文明和中医药文化，更开创了开拓进取、自强不息、不惧牺牲、勇于奉献的民族精神。这些精神在社会主义革命和建设时期得到了延续，

比如传承发展为不怕牺牲、敢于胜利的无产阶级革命乐
观主义精神，而在中华民族现代文明建设过程中，同样
需要继续弘扬不怕牺牲、英勇斗争的精神。

炎黄世系传承
与多元一体的民族道路

黄帝半身像，清代纸本设色，法国国家图书馆藏

黄帝，姬姓，氏为轩辕（或有熊），号为黄帝，是上古五帝之首。黄帝创世神话对中华历史和文化有着深远影响，甚至中华五千年成熟文明史的开端都从黄帝算起。中华民族是经过不断融合而形成的，黄帝创世神话主要表现了中华民族的最早主体——华夏族的初步形成和多元一体民族道路的确立过程，集中展示了中华文明所具有的突出的统一性特征。中华文明的统一性特征是建立在"国土不可分、国家不可乱、民族不可散、文明不可断"的基础上，并决定了国家统一永远是中国核心利益的核心。

一

黄帝是中华创世神话系统的核心线索人物，由出生神话和娶妻生子神话构成的黄帝家庭神话是我们理解创世神话诸多祖先关系的一把钥匙。

黄帝出生神话主要建构了黄帝与炎帝的兄弟关系。根据《国语·晋语四》《大戴礼·帝系》《新书·益壤》的记载，黄帝的父亲是少典氏，黄帝的母亲是有蟜氏，他们先后生下黄帝、炎帝两个儿子。黄帝一族迁居至姬水流域，炎帝一族迁居至姜水流域，因此黄帝为姬姓，炎帝为姜姓，他们居住在不同的地方，性格、才华和品性也不同。后来炎帝无道，黄帝率军讨伐他。

黄帝娶妻生子神话主要建构了黄帝与后世联盟首领的血缘关系。综合《山海经》《史记》《大戴礼》等文献的记录，黄帝娶妻生子神话的主要内容如下：黄帝的正妃为西陵氏族长的女儿嫘祖（也称雷祖），嫘祖为黄帝生下两个儿子，一个是迁居到江水之滨居住的青阳，另一个是迁居到若水之滨居住的昌意。青阳又称玄嚣，青阳之孙即黄帝的重孙，是上古五帝之一的帝喾。帝喾娶了四个妻子，她们各生了一个儿子。正妃姜嫄生了后稷，次妃简狄生了契，次妃庆都生了尧，次妃常仪生了挚。挚与尧后来先后继承了帝喾之位，被称为帝挚、帝尧。后稷与契也不简单，他们一个是周族的始祖，一个是商族的始祖。因此，上古五帝之一的帝尧、商始祖契、周始祖后稷都是黄帝的四世孙；黄帝与嫘祖的另一个儿子名为昌意，昌意之子是上古五帝之一的颛顼，颛顼是黄帝之孙。颛顼生了鲧，鲧生了禹，禹是夏王朝的奠基者，是黄帝的四世孙。颛顼的六世孙是帝舜，帝舜是上古五帝之一，也是黄帝的八世孙。经过神话建构，黄帝以后的重要部落联盟首领和部落首领都成为黄帝后裔，其关系如下表所示：

表1　原始社会后期重要部落联盟首领、部落首领与黄帝关系列表

	颛顼	帝喾	尧	舜	禹	契	后稷
身份	五帝之一	五帝之一	五帝之一	五帝之一	夏祖	商祖	周祖
与黄帝的关系	黄帝二世孙	黄帝三世孙	黄帝四世孙	黄帝八世孙	黄帝四世孙	黄帝四世孙	黄帝四世孙

这样的世系在西汉以前已经通过五帝神话的传播传承建构起来了，所以司马迁在《史记·五帝本纪》中总结说：从黄帝到舜、禹，都是姓同而国号不同，以此来彰明各自的道德功业。所以，黄帝号有熊，颛顼号高阳，帝喾号高辛，帝尧号陶唐，帝舜号有虞。帝禹是夏王，另有一氏，姓姒氏。契是商的始祖，姓子氏。弃为周的始祖，姓姬氏。同姓即有共同的祖先，国号不同就是从同一祖先下分支出去，有了辨别新部族的氏号。这一世

系既是黄帝家族血脉传承的主要谱系，也是上古权力传承的主要谱系，两者同构的基础是对中华民族影响深远的祖先崇拜。

发生于原始社会万物有灵观念基础之上的祖先崇拜是中国人最普遍的信仰和中华传统信仰的基石。最初受到崇拜的祖先是以动物形象出现的图腾祖先，图腾祖先同时也是氏族、部落的标志。"玄鸟生商"就是图腾祖先崇拜阶段产生的重要神话。到了部落联盟时期，随着氏族、部落的不断融合，单一图腾逐渐演变为复合图腾，产生了诸如龙、凤、玄武等图腾祖先形象。进入文明时代，图腾崇拜的内涵逐渐隐去，图腾祖先形象则作为王权和祥瑞的象征保留下来，进而发展为国家与民族的象征。大概在原始社会后期，随着先民自我意识的觉醒并不断增强，他们崇奉的祖先从假想的图腾祖先逐渐转为具有真正血缘关系的祖先。私有制萌芽后，以家庭或家族为单位守护财产的需要，也客观上巩固了以血缘祖先崇拜为纽带建立起来的家族世系传承。

中国人的祖先崇拜具有宗教信仰与精神纽带的双重功能。作为一种宗教信仰，祖先崇拜是沟通人神的重要桥梁。后代尽心竭力供奉祖先的重要原因在于逝去的祖先会成为护佑后代的祖先神，可以像普通神灵那样施恩或惩罚后代。作为一种精神纽带，祖先崇拜是将家族连接为一个整体。所有逝去的家族成员都将进入祖先行列，享受后代供奉，而所有后代也将共享祖先神的照拂，共同担负起家族振兴的责任，将家族传承下去。先秦以前的中国曾存在一种重要的政治传统——灭国不灭祀。这种传统其实在早期政权传承神话中就被建构起来了，《史记·五帝本纪》载：商代夏、周代商后，对于前朝天子家族都没有赶尽杀绝，而是分别保留了一个封国让他们继续祀奉祖先，也就是春秋时期的杞国和宋国。

由祖先崇拜而产生了古人重世系、尊祖宗的传统，因此在梳理上古部落联盟的政权传承线索时，古人不自觉地将世系传承与权力传承同构，从而为我们建构了一个庞大的，隐含着家族世系的上古五帝谱系。当然，将世系传

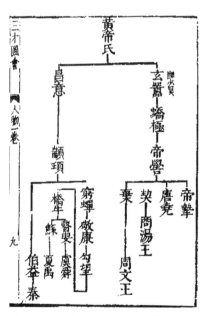

黄帝子孙谱系图，明代《三才图会·人物卷》

承与权力传承同构也有着现实的考量。因为崇拜祖先，所以后世所有行为最好都能找到祖先也这样做的源头，为了给自夏始的"家天下"政权传承模式寻找合法性根据，部落联盟时期的政权传承叙事便被建构为由黄帝为核心线索的血脉传承叙事。

在这种叙事逻辑下，拉开部落联盟扩张战争序幕的炎黄大战也不过是兄弟之间的斗争。相传，黄帝与炎帝都是古老的有熊氏首领少典的儿子，尽管后来率领部族分别迁移到姬水之滨与姜水之滨居住，但毕竟同出一源，在主要经济生产方式，也就是耕种农业方面都很擅长。相传，炎帝部族用木制、石制农具耕作，烧山开荒，在垦拓过程中还发现了可以治病的植物，由此发明了早期中草药治疗技术；黄帝部族发明了养蚕缫丝技术，还在车辆、舟船、弓箭等生产生活用具方面进行了早期探索。随着新生产工具发明和使用，两部族的生产效率都得到了显著提高，先后壮大起来。当时，华夏大地上原始部族林立，先发展起来的炎帝部族逐渐取得了部落联盟的领导权。当炎帝部族势力衰微，无法继续统治联盟时，中原地区一度陷入争夺生存资源和政治领导权的混乱状态中。黄帝部族在联盟中的实力最强大，常常代表炎帝征伐那些作乱的部族，赢得了大多数部族的尊重，但也引起了炎帝对于领导权旁落的担忧。最终，为争夺部落联盟的领导权，炎黄两个地域相近、产业结构相似的农业部族在阪泉一带展开了激战。经过三次交锋，黄帝部族最终取

轩辕救驾灭蚩尤，明代版画，周游《开辟演义》插图

得了胜利，并与战败的炎帝部族进行了融合，从此两大部族共同生活，共同劳动，相互取长补短，形成了中原最强大的族群，以及黄河流域部落联盟的基础——炎黄部族。

二

炎黄世系神话异常庞大，除了作为核心的炎黄叙事以及他们的嫡系子孙叙事之外，还有不少神话描述了各时期的炎黄庶支不断向外迁移扩散的过程和结果。这些庶支在远离中原的地方建立起政权，但依然保留了对祖

居地和祖先的记忆。炎黄后裔的扩散迁徙，既真实地发生过，又以神话叙事的方式被记录了下来，并大量保存在《山海经》中。

《大荒东经》中保存的向东方迁徙的主要炎黄后裔叙事如下："有白民之国。帝俊生帝鸿，帝鸿生白民。白民销姓，黍食，使四鸟：虎、豹、熊、罴。"大荒之中有一个白民部族。帝俊（即帝喾）部族分支出帝鸿，帝鸿部族分支出白民。白民以销为姓，以黍为主食，擅长驱使虎、豹、熊、罴四种野兽。

《大荒西经》中保存的向西方迁徙的主要炎黄后裔叙事如下："西北海之外，赤水之西……有北狄之国。黄帝之孙曰始均，始均生北狄。"在西北方的海外，赤水以西的部族名为北狄。黄帝之孙名始均，始均的后人建立了北狄。"有互人之国。炎帝之孙名曰灵恝，生互人，是能上下于天。"有一个部族名为互人。炎帝的孙子名叫灵恝，灵恝部族分支出互人部族。互人部族能在天地之间自由往来。"有国名曰淑士，颛顼之子。"有一个部族名为淑士，是颛顼的后代。"大荒之中，有山，名曰大荒之山，日月所入。有人焉三面，是颛顼之子，三面一臂，三面之人不死。"大荒之中有大荒山，有一个部族叫三面，这里的人都长着三张脸和一个胳膊，相传他们也是颛顼的后代，而且能长生不死。

《海内经》与《大荒南经》中保存的向南方迁徙的主要炎黄后裔叙事如下："帝俊生三身，三身生义均，义均是始为巧倕，是始作下民百巧。后稷是始播百谷。稷之孙曰叔均，是始作牛耕。大比赤阴，是始为国。禹、鲧是始布土，均定九州。"（《海内经》）炎帝之妻是赤水族首领的女儿听訞，她与炎帝生了炎居，炎居生了节并，节并生了戏器，戏器生了祝融。祝融后来被天帝贬到下界，居住在长江边。祝融在这里生了共工，共工生了术器，术器头顶方方正正。术器后来继承了祝融的封地，也住在长江边。共工还生了一个儿子，名为后土，后土生了噎鸣。噎鸣生了十二个儿子，就是一年中的十二个月。"又有成山，甘水穷焉。有季禺之国，颛顼之子，食黍。"（《大荒南经》）有一座成山，是甘水的尽头。这里有一个部族叫季禺，相传是颛顼的后代，他们以黍为主食。"有国曰颛顼，生伯服，食黍。"（《大荒南经》）有一个部族叫颛顼，分支出另一个部族为伯服，他们都以黍为主食。

《大荒北经》中保存的向北方迁徙的主要炎黄后裔叙

事如下："大荒之中，有山名曰融父山，顺水入焉。有人名曰犬戎。黄帝生苗龙，苗龙生融吾，融吾生弄明，弄明生白犬，白犬有牝牡，是为犬戎，肉食。"大荒之中有一座融父山，是顺水的尽头。山上住着一个名为犬戎的部族，是黄帝的后代。黄帝生了苗龙，苗龙生了融吾，融吾生了弄明，弄明生了白犬，白犬有公母，自相交配而生下了犬戎，犬戎以肉食为主。"有叔歜国。颛顼之子，黍食，使四鸟：虎、豹、熊、罴。"有一个部族名为叔歜，是颛顼的后代，以黍为主食，会役使虎、豹、熊、罴四种野兽。"西北海外，流沙之东，有国曰中輶，颛顼之子，食黍。"西北方的海外，流沙的东边，有一个部族叫中輶，是颛顼的后代，以黍为主食。"西北海外，黑水之北，有人有翼，名曰苗民。颛顼生驩头，驩头生苗民，苗民釐姓，食肉。"西北方的海外，黑水的北边，有一个长着翅膀的部族叫苗民。颛顼生了驩头，驩头生了苗民。苗民姓釐，以肉为主食。

东方的白民，西方的北狄、互人、淑士、三面，南方的祝融、共工、后土、季禺、颛顼、伯服，北方的犬戎、叔歜、中輶、苗民，这些部族都与炎黄部族有着或近或远的血缘关系。这些都是中原以外的早期族群，其中一些族群之名，如北狄、犬戎等，一直沿用了很久。虽然它们在不同时期的具体含义不同，但共同指向了生活于西北部的游牧部族。互人大约是"氐人"，氐人也是曾居住于西北部的古老游牧部族，后与羌人融合为氐羌。

从向各方向迁徙的部族数量来看，南方、西方、北方是中原炎黄后裔最常迁徙的方向，东方移民最少。这大约与炎黄部族是传统的农业民族，而东方滨海不利于农业耕作活动的开展有关。因为这些部族来自擅长农耕的炎黄部族，所以他们在迁居他地之后也大多保留了农耕的生产方式，其主要表述就是其中关于"食黍"的叙事。黍是先民最早培育出的作物之一，起源于华北地区并向四方传播。我国目前发掘的新石器时代黍遗存有几十处，比如内蒙古赤峰敖汉旗境内兴隆沟遗址出土了距今8000—7500年的炭化黍粒，甘肃省秦安县大地湾遗址一期文化层中出土了距今7800—7350年的炭化黍粒，黑龙江、吉林、辽宁、山西、陕西、青海、新疆等地也先后发现了距今五、六千年前的黍粒遗存。这些考古发现是以黍为代表的中原农业种植技术随着中原移民的迁徙向四处传播的证明。在上述这些部族中，只有犬戎、苗民两族明确提到以肉食为主，北狄大约也食肉。祝融这一支虽然没有明确提到食黍还是食肉，但从后土生噎鸣，噎鸣发明十二月历法的叙述中不难看出这是一个需要历法指导的农业部族。

这些指向炎黄部族的边远族群族源叙事虽不是真实的历史，却表达了一种真实的文化认同——华夷同源。

从神话叙事来看，较早被用以表达华夷同源观点的是舜出生神话。《孟子·离娄下》记孟子说：舜生在诸冯，迁居到负夏，死在鸣条，是东夷之人。舜是颛顼之子穷蝉的后代，但从穷蝉到舜，六代人都是地位低下的普通人。穷蝉这一支曾从祖居地迁居东部，一直在当地繁衍生息，所以舜出生于东夷的诸冯，算是东夷人。但舜为东夷之人的叙事毫不影响华夏先民将其作为祖先来崇拜，因此孟子借舜神话其实在讲述一个道理：长久以来的共同生活和共同劳动，早已将华、夷融为一体，无法截然分开。早在孟子生活的时代之前，东夷文明已经是中华文明的重要组成部分，被尊为至圣先师的孔子的出生地山东曲阜就是曾经的东夷首领少皞登位的穷桑，因此孔子也可以被视为东夷之人。

大禹出生神话所表达的观念与此类似。西汉《新语·术事》有"大禹出西羌"的记录，《史记·六国年表序》载"禹兴于西羌"。禹是颛顼帝之孙、黄帝的四世孙，这一支也迁离了祖居地，来到西羌，大禹出生在西羌，后又从西羌回到了中原。禹之子启建立夏王朝，这一支得到了蓬勃发展。可见，中原之人与西羌之人同源。

有意思的是大禹后裔为匈奴首领的神话。到了夏代末期，无道的夏桀被商汤放逐于鸣条，三年后死去。相传，夏桀之子淳维带着夏桀的妻妾避居北疆，融入了当时以游牧为主要生产方式的北疆族群，并取得了较高的政治地位，成为其首领。这一北疆族群后来被称为匈奴，于是《史记·匈奴列传》写道：匈奴的先祖淳维是大禹的后代。当然，匈奴族群来源比较复杂，也经历了漫长的发展，司马迁之所以选择夏桀之子为匈奴首领的神话叙事，与团结匈奴的政治目的有一定关系。到了东晋十六国时期，一位叫做赫连勃勃的匈奴首领在北方的一片混乱中趁势而起，建立起自己的政权。他到处跟人说：我是大禹的后人，现在应运而兴，要复兴大禹之业。于是他将国号定为夏，史称胡夏。可以说，胡夏政权的诞生是对夏桀之子为匈奴首领神话认同的结果。既然匈奴首领为大禹苗裔，而大禹为黄帝苗裔，那就是说匈奴人与中原人也是同源的。

上述这些对于东夷、西羌、匈奴世系的叙述，都将族源指向了黄帝，表达了"夷从夏出""华夷同源"的观点及对此观点的深刻认同，说明中华民族在很早的时候就选择了多元一体的族群共存共荣道路。

三

多元一体的民族道路的选择并不那么顺利，有时不得不通过战争解决问题。在炎黄世系神话中存在一些战争神话，尽管过程非常激烈，但结果无一例外都是促进了族群融合，达到了共同发展的目的。其中最著名的两场战争是黄帝战蚩尤与黄帝战刑天。

蚩尤部族是炎帝部族的分支，他们共同以牛为图腾。炎帝的经典形象是牛首人身，南朝《述异记》记录民间供奉的蚩尤神是"人身牛蹄"之貌，冀州百姓行"蚩尤戏"时要"头戴牛角而相抵"，这些形象和习俗是蚩尤与炎帝部族具有一定族源关系的证明。相传，蚩尤一族不仅善造兵器，且勇武非凡，《太平御览》引《龙鱼河图》说：蚩尤有八十一个兄弟，他们长着野兽的身躯，如金属一样坚硬的头颅，以沙子、石子为食，会制造各种坚兵利器，威震天下。当炎帝在与黄帝争夺联盟首领的战争失败后，武力强大的蚩尤部族趁机作乱，对中原各部族的安定造成了极大威胁。于是，黄帝在与炎帝部族进行过阪泉大战后，又在涿鹿之野与蚩尤部族展开了一场战争。《山海经·大荒北经》较为详细地描述了黄帝与蚩尤大战的经过：黄帝派遣应龙使用水战，蚩尤请来风伯与雨神，所操纵之风雨超过了应龙。黄帝又从天上请下了旱魃，顿时风收雨住，最终擒杀了蚩尤。魃即旱魃，又叫女魃，是神话中的旱神。旱魃体内蕴藏着旱气，所以能止风雨。

黄帝战蚩尤神话作为中华文化史上最重要的战争神话之一，在长期流传过程中不断得到丰富，发展出各异的情节，比如《通典》说：蚩尤命令他所率领的妖魔鬼怪部下发出奇怪的声音迷惑黄帝的军队，黄帝就下令士兵们用牛羊角吹出低沉的龙吟声，破解了那些鬼怪们的迷惑，蚩尤军队因此败走。《绎史》卷五引《黄帝内传》说：黄帝与蚩尤大战时，玄女为黄帝制作了八十面夔牛皮鼓，此鼓震动一次声音能传五百里远，连续震动声音能传到三千八百里以外。夔牛是一种与饕餮、龙、凤齐名的上古神兽，其典型特征是只有一只脚。相传，为了敲响这面用夔牛皮制作的鼓，黄帝又命人捉了雷神，用他的骨头制作了鼓槌。当雷神骨槌敲响夔皮之鼓时，天地为之变色，日月黯淡无光，蚩尤大军很快便失去了战斗力。

在黄帝与蚩尤的大战中，还诞生了中华文化史上最早的指南车。《太平御览》引《志林》载：蚩尤做法掀起大雾，一连三日都没有散去，黄帝的军队找不到方向。黄帝的大臣中有一位叫做风后的人，他被派去研究北斗星运动时斗柄转动而斗不动的原理，并模仿它制作成能

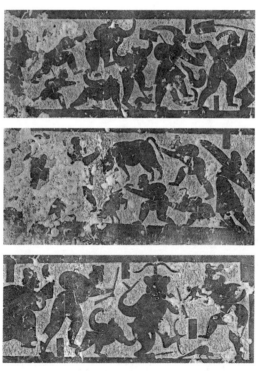

蚩尤战斗场景，东画像石拓片，山东嘉祥武氏祠

指示方向的指南车。靠着这辆车子的指引，黄帝率领军队冲破了大雾重围，最终捉住了蚩尤。神话中的"指南车"是利用磁铁矿石制成的指示方向的工具。中华先民在新石器时代已经发现了磁铁矿石，并将其与黑锰矿石一起磨碎制成黑颜料，为陶器上色。同时，赤铁矿石也被加工为红颜料。在同时使用黑颜料与红颜料的过程中，先民可能已经通过含有磁铁矿石的黑颜料吸引含有赤铁矿石的红颜料的现象，认知到了磁铁矿石吸引铁的特性。黄帝令风后作指南车的叙事情节大概与这种早期认知有关。

在神话中，黄帝最终能战胜蚩尤，主要凭借的是德行，这一情节的产生与中华传统文化的德治主张相关。《太平御览》载：蚩尤滥杀无辜激起了民众的反感，大家都想让作为首领的黄帝去制止蚩尤。但黄帝太讲仁义了，无法制止蚩尤的杀戮作乱，只能仰天而叹。黄帝与蚩尤先后战了九次，但九次都失败了。后来黄帝在泰山上遇到了人头鸟身的九天玄女，玄女向他传授了可以制伏蚩尤的兵信神符，黄帝最终才取得胜利，并掌握了天下兵权。

战争的结果是蚩尤部族融入了炎黄联盟，蚩尤的形象也成为黄帝维护统治的重要文化标志。相传，蚩尤死后一段时间，天下再次陷入了混战。黄帝于是把蚩尤的形象画下来，以震慑作乱的人。大家都说蚩尤没有死，而且臣服了黄帝，于是叛乱很快就停止了。因为蚩尤画像具有止战的功能，此后蚩尤就被奉为中华民族的战神。《史记》说：姜太公在齐国设立了祭祀八神的制度，八神之一就是战神蚩尤。汉高祖刘邦起兵时，为了祈求兵事顺利，举行过祭祀黄帝和战神蚩尤的仪式。可见，蚩尤早已成为中华民族的共同祖先。

刑天是中华创世神话中另一位非常勇武的人物。"天"指头，"刑天"就是斩断了头的人。相传，刑天是一位巨人，曾是炎帝的臣属。刑天曾受炎帝之命，作了名为《扶犁》和《丰年》的音乐。刑天对炎帝相当忠诚，炎帝、蚩尤接连失败之后，刑天也率部走上了反抗与夺权之路。《山海经·海外西经》载：刑天与黄帝对抗，但最后失败了，被黄帝砍掉了脑袋。黄帝把刑天的头埋葬在常羊山，刑天就以乳头作眼睛，以肚脐作嘴巴，手里拿着盾牌、斧头，挥舞不止，继续奋战。当然，其结果也失败了。刑天虽勇武不及蚩尤，但他具有不屈不挠的战斗精神，因此也被后人称颂为战神，成为勇猛战士的象征。晋朝大诗人陶渊明在《读〈山海经〉》中赞颂刑天说："刑天舞干戚，猛志固常在。"

黄帝战蚩尤、战刑天的结果是蚩尤与刑天的部落融入了以黄帝为首领的炎黄联盟，成为该联盟的重要初始成员和华夏族的重要组成部分，为中华早期文明的形成作出了巨大贡献。因此，蚩尤、刑天与黄帝、炎帝一样，都是华夏之祖与中华民族的共祖。

除了黄帝与蚩尤、刑天的两场大战之外，黄帝之孙颛顼与共工的大战也很著名，在文化史上的影响甚至超过了黄帝与蚩尤、刑天的大战。《淮南子·兵略训》和《吕氏春秋·荡兵》都提到：战争可以追溯到很遥远的过去，炎黄之战、颛顼与共工氏之争都是著名的战争。

共工，也称康回，曾是相当原始的水神，其形貌特征是与盘古、女娲相同的人面蛇身。在炎黄世系神话中，共工是炎帝的三世孙，也就是说共工部族是从炎帝部族中分支出来的。相传，共工部族由于长期生活于水道纵横之地而擅长水战。军事实力强大之后，为了争夺统治权，共工部族曾与周边部族，甚至是黄河流域的部族都发生过冲突，因此早期文献中著录了诸多共工战争神话，其中最著名的是共工与颛顼之战。屈原在《楚辞·天问》

中写有"康回冯怒，地何故以东南倾"一句，便是以共工、颛顼部落大战的神话叙事为背景的。大战的结果是共工战败，也有文献记述说，共工部族在这场战争中制造了大洪水，给民众造成了巨大的损失，所以共工氏被俘后被颛顼下令斩杀。

共工一族颇有不服输的精神，几任首领都曾挑衅黄河流域的部落联盟首领。共工族不仅与颛顼争为帝，还与帝喾高辛氏争为帝，导致了几乎灭族的惨败。到了尧舜时期，共工一族又掀起战争，甚至制造了一场大洪水，逼近了鲁地的空桑。共工氏失败后，被流放于幽州。相传大禹也曾征伐过共工，《山海经·大荒西经》记录了一座名为"禹攻共工国"的山，该山是大禹部族与共工部族交战的古战场。此外，共工氏还有不少骁勇的部将。相传共工之臣相柳有九个脑袋，分别在九座山上取食，它接触到的地方都会变成沼泽和溪流。《山海经·海外北经》记录说：大禹杀相柳后，他的血流过的地方发出腥臭味，不能种植五谷。大禹试图填埋这些地方，多次填埋后塌陷，于是大禹便把挖掘出来的泥土为众帝修造了帝台。相传浮游也是共工的部将，因为兵败，便投了淮河，可谓相当刚烈了。共工一族的骁勇与刚烈在后世常常为人敬畏。据说祭祀共工的祭台在北方，所以射箭的人不敢向北方射，怕惹怒了共工氏的亡灵。

共工一族也融入了华夏大家庭，共工之子后土还被当作社神得到了长久的祭祀。《国语·鲁语》说：共工氏曾称霸九州，他的儿子后土能够平治九州的土地，因此把他当作社神来祭祀。

中华民族是不断融合而形成的大民族。黄帝时期是华夏族（也就是中华民族的最早主体）的奠基时期，炎黄世系神话，黄帝与蚩尤、刑天之间的战争神话正反映了华夏族经过不断融合而逐渐壮大的过程。以此为基础，我国形成了统一的多民族国家和多元一体的基本格局，造就了世界上唯一保持其连续性的中华文明。因此维护民族团结、反对民族分裂是中华民族现代文明存续和发展的重要保证。

帝尧选贤举能

与天下为公的政治理想

Ty-yao Tao-Tang-che

帝尧半身像，清代纸本设色，法国国家图书馆藏

帝尧，号放勋，以陶唐为氏，因此也称唐尧，相传为帝喾的次子。帝尧创世神话塑造了一个至善的道德楷模形象，表达了先民对于道德理想的追求。古人对尧极为崇拜，创造了"尧天""尧年"等词汇用以形容理想中的太平岁月、升平盛世。帝尧神话集中表现了中华民族一以贯之的政治理想——天下为公。从新民主主义革命时期到中国特色社会主义新时代，中国共产党人将"天下为公"的传统政治理想与科学社会主义价值观相结合，形成了中国特色社会主义不断前行发展的文化资源。同时，中国共产党人始终胸怀天下，将平等、公正的理念和追求拓展至国与国、地区与地区、人类与自然之间，在"天下为公"的传统政治理想基础上，提出构建"人类命运共同体"理论，为推动世界和平与发展，谋求世界大同开辟了中国式现代化文明新道路。

一

帝尧是中华道德文明的奠基人之一，是以德治国思想的开创者。

相传，尧的母亲是帝喾的次妃庆都。尧有三个兄弟，分别是帝喾正妃姜嫄所生的周始祖后稷、次妃简狄所生的商始祖契、次妃常仪所生的挚。帝喾先传位于挚，但挚缺乏才能，没做出什么政绩，后来尧被推举接替了挚。尧能成为贤明的领导者，大约与他母亲有些关系。《史记·五帝本纪》说尧之母庆都是陈锋氏首领的女儿，《竹书纪年》《春秋合诚图》等文献记载说庆都是天帝之女，出生在"斗维之野"。古人将二十八星宿在天空中的分布与地上的诸侯国、州等空间范围对应，这种对应方法对地理而言就是分野。斗宿所对应的地面区域是古九州中的扬州，大约在今江苏、上海、浙江和安徽这一片区域。也就是说，出生在斗维之野的庆都算是一个江南人。相传，庆都出生以后常有黄云覆盖着她，等她长大以后又常有龙跟随着她。有一天，龙背着河图到她面前，上面写着：受到上天护佑的人，眉毛有八种色彩，须发长七尺二寸，面庞上尖下圆，脚上有翼宿纹饰。后来，庆都感赤龙而有孕，怀孕十四个月生下尧。尧的相貌正如河图上描述的那样。尧长到十尺高就以圣德闻名，被封于唐。

这是一则明显被谶纬思想改造过的神话，大约是汉人的手笔。特别值得注意的是"赤龙"的设定，赤为红色，红色在五行中属火。汉代刘向父子在战国五德终始说的基础上创立了一种新的五行德运理论，从"伏羲以木得王"开始，以"水生木、木生火、火生土、土生金、金生水"为序，推算出汉据火德，汉之前据火德的是尧，而五行之火对应的颜色正是赤。为了强化汉据火德的合理性，汉代学者做了两方面努力，一是改造神话，让尧据火德；二是创造神话，让汉皇为帝尧后裔。《竹书纪年》《春秋合诚图》等所载庆都感赤龙而孕的神话便是从第一方面努力的结果。

汉人选择尧为汉皇之祖有多种原因，除了以五行德运理论进行推演的结果之外，帝尧神话之内涵，尤其是其中的德治理念与从汉武帝开始确立的统治思想即儒家思想内涵亦有内在一致性。此外，帝尧神话中的德治思想和措施，对于统治区域广大、辖下族群众多的汉王朝来说，是非常好的协调族群关系的思想武器。所以汉人在创世神话的建构中，强化了尧的德治，将其塑造为中华德治之始和汉皇之祖。

在帝尧神话中，尧的圣德首先可以从其外形上反映出来。较早记录尧形貌特征的文献是战国时期的《荀子·非相》，此篇是对相术的批评，荀子提出相人的形貌不如观察人的立心，观察人的立心不如研究他的所行所学。荀子列举了一些形貌不佳但品德美好或有功于国之人，如"禹跳，汤偏，尧、舜参牟子"。"禹跳"即大禹瘸着走路，"汤偏"即商汤半身不遂，"尧、舜参牟子"即尧和舜都是重瞳。"参牟子"也称"重瞳"，每只眼睛中有两个瞳仁。这些人在形貌上都有缺陷，但他们却是当之无愧的圣人。可见在荀子时代，尧的重瞳并不是能够被赞颂的形貌特征。但情况在汉代发生了改变，特殊形貌成为圣人独具的仪表特征。《淮南子·修务训》赞颂说：尧的眉毛可以呈现出八种不同颜色，身体的穴窍都是相通的，这是圣人之相，所以尧处理事情公正无私，发出的命令没有人不遵从。《论衡·骨相》将异相当作圣王和圣贤的外在征兆，认为他们皆有异相，并举了其中的十二位：黄帝长着龙脸，颛顼头上顶着盾牌，帝喾的牙齿连成一片，尧的眉毛有八种颜色，舜的每只眼中有两个瞳子，禹的耳朵有三个窟窿，汤的胳膊上长着两个肘，文王有四个乳头，武王眼睛向上可以看见头顶的太阳，周公旦是驼背，皋陶的嘴像马，孔子头顶凹陷四周外翻像屋顶。当然，这些圣人异相明显属于神话叙事，目的在于凸显圣人的伟大功业。其中提到的"尧眉八彩"逐渐成为尧最突出的相貌特征，还成为一种典故，后世常以"尧眉八彩"指帝王仪表。

帝尧重瞳的特征在后世很少被提及，大约是为了与舜相区别。但尧重瞳的特征也没有完全消失，在重明鸟神话中仍残留了一些信息。东晋《拾遗记》卷一载：帝尧在位第七十年的时候，祇支部族向他献上了重明鸟。重明鸟又名"双睛"，意思是眼睛里有两个瞳子。重明鸟长得很像鸡，叫起来像凤，有时脱落了羽毛，拍打着光秃秃的肉翅飞翔。重明鸟能与虎狼等猛兽搏斗并驱逐它们，也能阻止妖怪和邪祟作恶，受到恩惠的人们向重明鸟赠送琼膏表示感谢。重明鸟的出没没有规律，有时一年来几次，有时几年见不到。民众都洒扫门户，盼望重明鸟光临。重明鸟没到的时候，民众就用木刻或金铸的方式，造出重明鸟的形象，将它放置在门外，邪祟见到就退伏了。东晋民众大年初一在窗上刻画鸡的形象希望以此驱除邪祟，就是重明鸟崇拜的遗俗。南朝《荆楚岁时记》也说：南朝的民众有在正月初一于门上贴鸡画，悬挂芦索，插桃符的习俗，这样可以使"百鬼畏之"。在重明鸟神话中，尧的重瞳特征转移到重明鸟身上，而重明鸟所具有的驱邪功能则可能与尧的圣德能驱除邪祟的民间信仰相关。

尧的圣德不仅表现在他的形貌上，更表现在诸多描述帝尧德行的神话叙事中。

一部分尧神话中集中反映了他生活俭朴的美德。《韩非子·五蠹》载：尧成为首领后生活非常俭朴，住的是茅草苫盖的屋子，屋顶不修剪，用来做椽子的木头也不砍削，非常粗糙；吃的是粗米做的饼子，喝的是野菜和豆叶做的汤；冬天穿的是鹿皮做的衣服，夏天穿葛藤织就的粗布衣。即使是最底层的看门人，生活也不像尧这样简朴。《墨子·节用》也说：帝尧治理天下的时候，从南边的交趾到北边的幽都，从东边日出之地，到西边日落之地，没有不归服的。他自己享受到什么了呢？粮食只吃一种，肉和汤不同时吃两样，盛饭用陶盆，喝水用瓦器，斟酒用木勺，那些俯仰周旋等繁琐的礼节，圣尧从来不用。尧的俭朴甚至延续到他死后。《墨子·节葬》记录道：从前，尧去北方教化八狄部族时，不幸在半路上去世了，就近葬在蛩山北侧。尸身上仅裹了三件衣衾，用普通的木材做成棺材，用葛藤束棺，棺材入土后才哭丧，墓穴填平后并没有垒坟堆。葬礼结束后，坟墓上方可以放牧牛马。

还有一些神话表现了帝尧勤政爱民、重视民意的美德。明代内阁首辅张居正为当时年仅十岁的万历皇帝编撰了一本教科书——《帝鉴图说》，上篇讲述了历代帝王的励精图治之举，其中选入了尧为政时设立谏鼓、谤木的神话。相传，为了时刻注意倾听百姓们的意见，尧下令在宫门前设了一张"欲谏之鼓"，谁要是对他或国

敢谏之鼓和诽谤之木，《尚书图解》插图，上海书店出版社2001年版

家提什么意见或建议，随时可以击打这面鼓，尧听到鼓声，立刻接见，认真听取来人的意见。为方便民众找到朝廷，他还让人在交通要道设立"诽谤之木"，即埋上一根木柱，木柱旁有人看守，民众可以将意见写在谤木上。由于能及时听到民众的意见，尧对民间疾苦非常了解，可以及时制定相关政策。谏鼓就是古代帝王设置在朝堂外或都城内的登闻鼓的原型，由有冤屈或急案的当事人擂响，有司听闻后立即录状上奏。谤木被认为是华表的原型。

刘向在《说苑·君道》中将尧的美德概括为"恕道"："尧存心于天下，加志于穷民。痛万姓之罹罪，忧众生之不遂也。有一民饥，则曰此我饥之也；有一人寒，则曰此我寒之也；一民有罪，则曰此我陷之也。仁昭而义立，德博而化广，故不赏而民劝，不罚而民治。先恕而后教，是尧道也。"尧执政时心怀天下百姓，常痛心于民众的苦难，忧心于民众的不顺。有一人挨饿，他就说是我使他挨饿。有一人寒冷，他就说是我让他受冻。有人犯了罪，他就说是我造成的。帝尧因仁爱而树立了义的典范，因施恩众人而教化深广，因此就算不奖赏民众他们也会努力，就算不惩罚民众他们也不会犯错。所以，先宽容然后教导，这是帝尧治理天下的方法。儒家将"恕道"解释为"推己及人"，《论语·卫灵公》载：子贡曾请教孔子能否找到一个词让民众终身奉行，孔子回答说那就应该是"恕"，即"己所不欲，勿施于人"。董仲舒在《春秋繁露·俞序》中高度评价恕道说：圣人所主张的道德，没有比恕更美的了。帝尧倡行的恕道无论在社会治理还是在人际关系处理方面，对中华文化都有着深远的影响，被视为至关重要的道德原则和礼制根本。

二

《孟子·滕文公》载孔子曾评价尧说："大哉，尧之为君！惟天为大，惟尧则之。荡荡乎，民无能名焉！"天是伟大的，只有尧能效法天，他的功德浩荡无边，简直无法用语言来形容。作为上古政治首领，尧最为人所称道的行为是选贤与能。选贤与能，简单来说就是在人才选拔方面不是出于私心任人唯亲，而是出于公心选拔良才，任用能臣。

帝尧选拔任用贤能之士帮助他治理天下，是帝尧神话的重要组成部分。这些人才在各方面都作出了卓越贡献，共同创造了帝尧执政时期的盛世局面。《说苑·君道》列出了九位重要的帝尧辅臣，分别是"舜为司徒，契为司马，禹为司空，后稷为田畴，夔为乐正，倕为工师，伯益为秩宗，皋陶为大理，益掌驱禽"。其中，舜和禹先后继任了部落联盟首领之职；契为帝喾次妃简狄之子，在尧时负责教化民众，因教民有功，被封于商，赐姓子氏，是成汤的始祖；后稷是帝喾元妃姜嫄之子，被尧任用为农官，赐姓姬姓，是周人的始祖；夔是音乐之祖，在帝尧时期被任命为典乐，掌管宫廷音乐和音乐教育；倕是巧匠之祖，善于制作弓、耒、耜等武器和工具，被任命为工师；伯夷是姜太公吕尚的先祖，被尧任命为掌管宗庙祭祀的秩宗，因教化民众有功而被赐姓姜，封于吕地；皋陶是司法之祖，相传是创制法律条文和监狱的第一人，在尧帝时被任命为执法官，后世奉他为司法之神和狱神；益即伯益，是高阳氏之子，也称柏翳，相传为颛顼帝之孙，他了解禽兽的性格特点，能驯鸟兽，被封为掌管山泽苑囿的虞官，被封于费地，赐姓嬴，为秦人之祖。这九位辅政之臣中的四位都是后世王朝之祖，禹为夏之祖，契为商之祖，后稷为周之祖，伯益为秦之祖，这样的叙事加强了德治创始人尧与后世王朝的联系，为德治形成政治传统进行了合理化建构。

帝尧不仅是以德治国思想的开创者，还很注重依法治国，此内涵主要体现在九大辅臣之一皋陶的神话叙事中。

皋陶又称咎繇，荀子曾将他作为相貌不佳而有大德行的代表人物来批驳相人术的谬误，《荀子·非相》描述他的长相说：皋陶的脸就像一个削了皮的瓜，是青绿色的。相传，除了青绿色的脸，皋陶还长着鸟的嘴。荀子以后的学者都认为这种特殊长相与皋陶的特殊才能有关，比如《白虎通·圣人》说皋陶脸上的鸟嘴是诚信、公正以及体察民情的象征。实际上，皋陶的相貌可能源于图腾时代。皋陶来自少暤部族，《史记·正义》引《帝王记》说：皋陶生于曲阜，而曲阜正是"少暤之墟"，也就是东夷集团首领少暤曾经居住过的地方。少暤部族崇拜鸟，以鸟为图腾，重要表现之一就是他们的官职皆以鸟名命名。比如管理历法的"历正"被称为"凤鸟氏"，报告春分、秋分的"司分"被称为"玄鸟氏"，报告立春、立夏的"司启"被称为"青鸟氏"。因为部族以鸟为图腾，所以皋陶也在神话中生出鸟嘴来。相传，皋陶是少暤之后的部族首领，该部族擅长刑律，首领皆被称为皋陶，《说苑·君道》《尚书·尧典》《史记·五帝本纪》等文献记录了大量从帝尧至大禹时期皋陶担任司法官的神话，指的是少皡部族被尊称为"皋陶"的历代首领，而非同一人。

很多神话认为，皋陶是中华文化史上最早创立刑罚制度的人，那是一种"德主刑辅"的制度，即以道德教化为主，刑罚为辅，为的是用刑罚晓谕人民，使人民都知法、畏法而守法，以达到礼乐教化达不到的效果。相传，皋陶创立了"五刑"，即五种破坏人身体的肉刑。汉以前的五刑包括墨刑（在面或额上刺字涂黑）、劓刑（割掉鼻子）、膑刑（挖掉膝盖骨）、宫刑（毁坏生殖器）、大辟（死刑），皋陶所创立的五刑大约与此相类。这些肉刑在汉代被废除，代之以限制人身自由的刑罚。皋陶虽制五刑，也强调五典、五礼、五服对社会成员的约束作

皋陶明刑图，《尚书图解》插图，上海书店出版社2001年版

用。《尚书·皋陶谟》记皋陶自述说：上天制定了秩序和法则，目的是告诫我们要搞好五伦关系，并使其敦厚。上天制定了尊卑高下的礼节，需要我们遵从由上到下的五种等级关系，并使其成为常规。上天赐福给有德之人，以纹饰不同的五种礼服来彰显五种等级。上天要惩罚有罪的人，用五种刑罚来实行。如此，政务才能有条理。

五刑之外，相传皋陶还曾制定过一种"象刑"，即用"画衣冠""异章服"等象征性的手段来惩罚罪犯。"画衣冠"就是在衣服上染上特别的颜色，"异章服"就是让罪犯穿上不同的衣服，以此区别对待，使罪犯感觉羞耻，从而悔过自新。相传监狱也是皋陶发明的，西汉《急就章》说："皋陶造狱法律存"，意思是法律从皋陶设立监狱才开始。皋陶由此被奉为狱神，历代监狱大都悬挂皋陶画像，或供奉皋陶塑像，以示崇敬，并相沿成俗。《后汉书·范滂传》载：汉代名臣范滂被捕入狱后，狱吏告诉他被关进来的人都要去祭祀皋陶。

皋陶神话中往往会出现一只神兽——獬豸，相传它是皋陶判案的好帮手。《论衡·是应》记载了一则流传广泛的獬豸协助皋陶断案神话："觟者（即獬豸），一角之羊也，性知有罪。皋陶治狱，其罪疑者令羊触之，有罪则触，无罪则不触。斯盖天生一角圣兽，助狱为验，故皋陶敬羊，起坐事之。此则神奇瑞应之类也。"獬豸是长得像羊的独角圣兽，天生就知道谁有罪，会用角触碰那些真正有罪的人。獬豸协助皋陶判案神话中含有一种法权天授思想，强调了法律的神圣性，告诫民众必须遵纪守法。直到当代，皋陶依然被视为司法鼻祖而受到尊崇。

作为一种人才选拔制度，选贤与能是原始民主制度的组成部分，它的核心是推举。这种方法对中国后世人才选拔制度有深远影响，比如西周时期的低级官吏通过"乡举里选"的推举方式产生。"乡举里选"每三年举行一次，考核的主要内容包括德、行、艺三方面，其思想根源就是"选贤与能"；又如汉高祖刘邦曾开创察举制，令各郡国推举有才能的"贤士大夫"。察举制包括"选"和"拔"两部分，"选"的对象是没有官职的读书人，"拔"的对象是下级官吏，对选拔对象的基本要求是品德高尚，被选拔者要经过考试才能被政府录用，这同样也体现了"选贤与能"的思想。

三

帝尧时期的社会被孔子认为是最高理想社会——大

同社会的样本。他在《礼记·礼运》中讲道："大道之行也，天下为公，选贤与能，讲信修睦"，意思是大同社会施行仁政，天下是人们所共有的，首领挑选有德行和能力的人参与政事，讲求信义，人与人之间谋求亲近和睦的关系。孔子衡量大同社会的最重要标准是"天下为公"，即天下是公有的，并非首领私有。帝尧采取禅让的方式将政权移交给有才能的舜，这是"天下为公"的最生动写照。

《史记·五帝本纪》这样讲述帝尧禅让的神话：尧年老的时候，征求下属意见，想推选一人接替他。有人推荐了尧的儿子丹朱。尧说丹朱顽劣，又好争斗，不能用。驩兜推荐了共工。尧说共工巧言善辩，心地邪僻，貌似恭顺，背地里却连上天都敢欺瞒，不能委以重任。后来，辅佐尧的四岳推荐了民间的一个单身汉舜。尧听说过舜的贤名，于是决定对他进行全方位的考察，包括家庭、内政、外交、智慧方面。尧首先将自己的两个女儿嫁给舜，想通过她们来观察舜的德行。舜让尧二女居住在妫水边，遵行妇人之礼。尧认为舜做得很好，于是进一步让他负责五伦的宣教工作，其结果是民众皆能遵从五伦教化。然后尧又让舜广泛参与各方面的管理工作，舜都处理得井井有

尧舜揖让，清代版画，《廿一史通俗衍义》插图

条。此后，尧让舜负责外交接待，都城四门的接待工作恭敬肃穆，宾客们因此对主人产生了敬意。最后，尧让舜进入山林川泽行走，即使是暴风雷雨，舜也从不迷失方向，因此尧认为舜有着超人的智慧。三年过去后，尧舜举行了禅让仪式，顺利完成了政权交接。

以"天下为公"为宗旨的禅让制度从尧一直传到禹。相传，舜的妻子女英生有一个儿子商均，但商均的才德无法胜任首领之位，于是舜年老时选择了才能和威望都很高的禹作为禅让的对象。舜死后三年，新首领即位时，禹想将首领之位让给商均。但各地首领都不去朝见商均，而是去朝见禹，最终禹在众人的坚持之下即位。禹年老时按照惯例确定了皋陶为继承人，并让皋陶辅政以锻炼他，可惜在大禹还活着的时候皋陶就去世了，后来大禹又重新选定伯益为继承人。但大禹的儿子启有才能、有威望，当大禹三年丧事期满后，伯益避居他处，请启即位，各地首领顺水推舟去拜见启，禅让制就此终结。

禅让制是原始社会实行的一种首领继位制度，后人将其视为体现原始民主选举精神的政治制度。禅让制是部落联盟制度的产物，在以氏族、部落为主要组织形式的原始社会早中期，成员之间都具有血缘关系，首领可能由选举产生，也可能为继承制，但由于首领之间明显的血缘关系，即使选举产生首领的方式也不能称为禅让，这就是黄帝、颛顼、帝喾之间权力传承的神话并未出现禅让叙事的原因。当部落联盟产生，各部落首领组成联盟议事会选举出联盟首领，随着部落联盟的扩大，上一任首领与下一任首领之间有血缘关系的几率越来越小。上一任首领参与下一任首领的选拔、考察，然后将权力移交给通过考验的新首领，这种权力交接方式就是禅让神话叙事的原型。

但禅让的方式仅存在于私有制未产生或未明朗之前，当私有制产生后，权力成为保护私有财产的有力武器，禅让制最终让渡于世袭制，公天下成为私天下。大禹执政时期是原始社会末期，私有制已经相当明朗，联盟首领占据了更多的私有财产。大禹去世以后，权力按照禅让制交接到伯益手中，但这次禅让并不成功。《夏本纪》讲述说：伯益将自己的位置让给了大禹的儿子启，然后跑到箕山隐居去了。启很贤德，民众都拥戴他，于是启就顺应民意继承了帝位，建立了夏王朝。这是神话叙事，历史事实很可能是启必须继承父亲的权力，才能更好地保护自己家族的私有财产，而启与伯益之间还可能产生过争权夺利的斗争，比如古本《竹书纪年》中有"益干启位，启杀之"的记录。从此，权力继承方式发生了彻底的改变，以血缘关系为主的世袭制度完全取代了禅让制。

大舜孝感动天

与孝悌为本的道德观念

大孝克谐图，清代版画，《钦定书经图说》插图

舜帝，姚姓，氏有虞，又称"虞舜"，相传为颛顼后代，以贤德孝悌享誉千秋。帝舜的道德和功绩，尤其是他开创的孝道文化对中国社会产生了极其深刻的影响。中华文明绵延至今，其文化生命力和民族凝聚力之所以能生生不息，与对孝道和家庭的重视密切相关。弘扬传统孝道文化，建设与中华民族现代文明发展相适应的新孝道文化，对密切代际关系、促进家庭和睦、营造孝亲敬祖的良好社会氛围、建设和谐社会都具有重要意义。

一

将孝视为道德准则是东方独有的观念，它诞生于古代中国，并伴随着儒家思想的对外传播得到了亚洲各国的推崇。

西方人不大讲究孝，在被他们视为文化源头之一的古希腊神话中，处处可以看到父母与子女之间的敌对甚至仇杀行为。比如天空之神乌拉诺斯十分憎恶妻子盖娅所生的孩子，孩子们一出生就将他们关进地底。盖娅联合最小的儿子克洛诺斯一起复仇，推翻了乌拉诺斯的统治。从此，克洛诺斯就成为新一代神王，娶了亲姐姐瑞亚为神后。瑞亚生产时，克洛诺斯担心自己将来会面临与父亲一样的危机，就一个个吞掉了瑞亚所生的孩子。瑞亚很伤心，躲起来生下了第六个孩子，并把他交给其他神抚养。这个孩子长大后知道了自己的身世，偷偷救出了兄弟姐妹，并与他的支持者们一起发动了旨在推翻他父亲统治的战争，最终取得了胜利，这个孩子就是宙斯。

而在中华创世神话中，孝是被反复歌颂的美德，尤其在帝舜神话中，几乎所有的叙事都围绕着"孝"展开。

舜，名为重华，是颛顼帝之子穷蝉的后代，算起来是黄帝的八世孙。但从穷蝉开始，这一支就衰落了。舜的母亲名为握登，她见大虹而感孕，后来生下舜。相传，舜的形貌有些欠佳，《孟子·非相》将舜作为形貌不佳而德行高尚的例证，说"舜帝短""参牟子"，即个头矮小，每只眼里有两个瞳子。《竹书纪年》也描述舜的样貌说：舜长着像龙一样的脸和很大的嘴巴，每只眼睛中有两个瞳孔，皮肤黝黑，身高仅有六尺一寸，是个面目奇特的矮个子。可见，神话中的舜早先并不是什么漂亮的人。到了汉代，舜的形象与先秦时期有了很大差别，比如董仲舒在《春秋繁露》中描述说：舜的身躯很高大，脸长得好看，头圆圆的，擅长天文，非常孝顺。当然对舜形象的描述中也有一些早期特征保留了下来，尤其是意味着眼聪目明、洞察世事的"重瞳"，有些神话甚至将重瞳视为舜得名的原因。《帝王世纪》说：因为每只眼睛中有两个瞳孔，目光就比常人更闪耀、更灵活，所以起名为"舜"。重瞳的帝舜具有高尚的道德并开创了伟业，于是后世便将重瞳与道德高尚、帝王之相联系起来，产生了诸如"尧眉舜目"的典故。

重瞳，从现代医科角度来看，就是瞳孔发生了黏连畸变，虽不会影响光束进出，但很可能是早期白内障的表现。舜的重瞳，也许来自遗传，因为他的父亲是有眼疾的"瞽叟"。"瞽叟"其实并不是名字，只是眼疾的一种代称。古人对眼疾的分类相当细致，

"瞽""盲""矇""瞍""瞎"等皆指眼疾，但涵义各不相同。《说文解字》分析说："瞽"指有瞳孔但看不见；"盲"指没有瞳孔；"矇"指有瞳孔但为物所遮挡而看不见，类似于今日之白内障；"瞍"指眼眶中空洞无物。

相传，舜母早逝，瞽叟又娶了新妻，还另生了一个儿子，唤作"象"。作为盲人的瞽叟不仅能娶妻，还先后娶了两任妻子，这种情况即使在现代社会也很少见，说明舜父的社会地位不低，因为"瞽"除了指眼疾以外，还指一种职业，即宫廷盲人乐师。先民认为有眼疾的人，由于生理上的功能性代偿，听觉会变得特别灵敏，比普通人更适合作为人神沟通的中介和祭神的乐官，于是便产生了盲人乐师之职。相传，春秋时期晋国著名的乐官师旷曾用药将眼睛熏瞎，用来排除杂念，专心钻研星算和音律。夏商周三代的盲人乐师有时还兼职巫事活动，占卜吉凶，收入和地位都不会太低，因此瞽叟有能力娶两个妻子。

但这个新组建的家庭并不和谐友爱，《史记·五帝本纪》说：瞽叟的小儿子象，骄纵不懂礼法，但他和母亲都很得父亲宠爱。在他们的挑唆下，瞽叟常想杀死舜，舜只能选择逃避。舜一旦犯了小错，就会受到严厉的惩

罚。但他依然恭顺地
对待父亲、后母与弟
弟，每天都很谨慎，
不敢有任何懈怠。即
使是这样，舜也被赶
出家门，早早外出谋
生去了。相传，他曾
当过农夫、渔夫、瓦
工、商人，并在此过
程中以德行感化了周
围的人，为自己赢得

大舜耕耘与历山，明代版画，周游《开辟演义》插图

了很高的声望。《淮南子·原道训》《史记·五帝本纪》
等记录说：舜在历山耕种一年后，大家受舜的影响争相
将肥沃的田地让给别人，自己耕作贫瘠的土地；舜到雷
泽捕鱼时，看到渔夫之间因渔场常产生争端，便决定以
自己的实际行动劝渔民谦让。他主动教人捕鱼，看到有
人争抢渔场，就主动把自己的渔场让出来，渔民受到舜
的感化，不仅停止了争斗，还纷纷把好渔场让给别人；
舜在黄河边制陶的时候，不仅研习制陶技术，精心烧制
好陶，还规劝陶工制作陶器要讲究质量，从此陶工们便

以舜为榜样，认真烧制，做出来的陶器坚固耐用。后来舜又在寿丘制作家用器具，在负夏做生意，所到之处，民众都被感化，舜也得到了大家的交口称赞。

二十岁时，舜就以孝行闻名，三十岁时被推荐给了尧。《尚书·尧典》记载说，尧年老的时候向大臣们询问谁可以接替他，大家推荐了舜，说舜能与心术不正的父亲、口是心非的继母，以及傲慢无礼的弟弟和睦相处，且规劝他们不走邪路，一定是一个合格的继任者。于是，尧将两个女儿嫁给他以便考察他的内在修养，派九个儿子与他相处以便观察他的外在表现。凡是舜居住过的地方，一年形成聚落，二年形成小城镇，三年形成城市。于是，尧赐给舜细葛布衣、琴和牛羊作为奖赏，还为他建造了粮仓。

二

舜不仅孝，而且悌。"悌"的本意是敬爱兄长、顺从兄长，后引为手足之爱，包括姑嫂、妯娌、连襟之间的友爱，也都被归入"悌"的范围。孝悌是紧密连接在一起的道德准则，《论语·学而》说："孝悌也者，其为仁之本欤"，孝顺父母，友爱兄弟，这是"仁"的基础。也就是说孝与悌是一切道德之本，还是实施"仁"的根本条件。

舜的"悌"主要表现在他与异母弟象的叙事中。相传，虽然象屡次想谋害舜，但舜却没把这些事放在心上，仍一如既往友爱弟弟，终于感化了象。

《孟子·万章》记录了一则象与父母合谋杀害舜的神话：父母让舜修理粮仓，却在他登上仓顶后抽掉了梯子，又放火焚烧粮仓，还好舜机智地逃脱了。瞽叟又引着他去淘井，自己出井后堵住了井口，想将舜活埋在井中。象以为舜必死无疑，就对父母说："谋害大哥都是我的功劳，他的牛羊归父母，粮仓归父母，但兵器归我，琴归我，弓归我，让两位嫂子替我整理床铺。"象跑到舜的住所去，却见舜好端端地坐着弹琴，象只好撒谎说："我真想念你啊"，神情很尴尬。舜对他说："我心里只有百姓，以后你就协助我吧。"

舜的孝悌最终感化了父母，一家人其乐融融，父慈子孝，树立起了中华家庭和谐的范本。相传，舜继承尧的帝位后，乘着插有天子旌旗的车前去拜见父亲，态度异常恭敬，就像普通儿子向父亲尽孝那般。舜还赐给弟弟象一块封地，让他做了地方首领。

　　象与父母谋害舜的叙事是舜神话中最生动、神奇的部分，在后世不断传播，情节愈加丰富。《五帝本纪》这样描述：瞽叟让舜到粮仓顶上去涂泥，他从下面放火焚烧粮仓。大火烧起来以后，舜将两顶斗笠置于身侧，像鸟挥舞翅膀那样从粮仓顶上飞了下来，逃过一劫。后来，瞽叟又让舜挖井，舜偷偷在井壁上挖了一条暗道，当瞽叟和象往井里填土，企图活埋舜时，舜就顺着暗道逃了出去。相传，舜之所以能从焚廪、掩井的险境中逃脱是因为得到了两个妻子的帮助。《楚辞补注》引古本《列女传》记录说：二妻见舜要去修谷仓，特意为舜赶制了能开能合有两根笠杆的鸟工衣。当粮仓起火，又找不到梯子时，舜便打开鸟工衣，撑开笠杆一跳，就如同大鸟一样降落在地面上了。舜知道这是父母和弟弟设的陷阱也没有计较，但象并未善罢甘休，又和父亲商量叫舜去修井。二妻为舜制作了一件可以迅速挖井的龙工衣。舜挖井时先挖了一条暗道，在父亲和弟弟开始填井后顺利逃脱。《列女传·有虞二妃》记录了另外一场谋杀失败的故事：瞽叟和象请舜赴宴饮酒，企图将舜灌醉杀害，二女先熬制了避免醉酒的药汤，让舜沐浴浸泡，于是舜如何豪饮都不醉，瞽叟和象的谋杀计划就落空了。

　　民间流传的舜被迫害神话曾相当多，屈原都忍不住在《楚辞·天问》中质疑道："舜服厥弟，终然为害。何肆犬豕，而厥身不危败？"意思是舜一再顺从弟弟，象还是不断陷害他。为什么这样狼心狗肺的人，到头来也没有得到惩罚？要回答这个问题，我们必须要了解舜象神话的真正内涵。

　　在舜神话中，象是经常出现的形象，这里指的是作为动物的象。《论衡·偶会》《帝王世纪》等记录了舜葬苍梧后，象在其坟地上方耕种的神话。这一神话叙事说明曾流传着野象被驯服为农耕帮手的叙事，且驯服野象之事与舜有关，或发生在舜时期。唐代陆龟蒙在《象耕鸟耘辩》一文中写道："世谓舜之在下也，田

孝感动天，清代版画，《二十四孝图说》插图

于历山，象为之耕，鸟为之耘，圣德感召也如是。"这里记录了另外一则舜象神话。舜还是平民时，在历山耕作，象和鸟都来帮助耕耘，因为它们受到了圣德的感召。有学者认为虞舜服象神话的原貌是早期狩猎神话，表现了作为猎人的舜和野象的斗争。神话在后来的流传过程中发生了改变，象化成了舜的弟弟，舜征服野象的神话就演变成了两兄弟相争的神话。这种推测有一定道理，不过因为时间过于久远，无法证明。就现有文献和口传资料来看，舜象神话被广泛认同的还是两兄弟相争的叙事主题，说明这种主题才是民众最关心的。民间故事中也存在大量以两兄弟分家为主题的"狗耕田"类型故事，主要情节为：两兄弟分家，弱者仅得狗，却得到了好的结果，强者仿效，却得到了恶果。在舜象神话中，舜与象也是两兄弟，虽没有分家，家庭地位却相差较大。舜象神话产生很早，说明兄弟相争的情况也产生很早，应该不晚于原始社会晚期，主要原因是私有财产的出现。

原始社会晚期，以父系为主的家庭已经成为社会最基本的组成单位，同时也是拥有私有财产的基本单位。家庭私有财产通过继承的方式从亲代传到子代，但如果子代的数量超过一个，就涉及财产分配问题。瞽叟作为宫廷乐师，必然有一定的财产，而他又有两个儿子，于是也面临处理家庭财产继承的问题。两个儿子并非同母所生，纷争在所难免，所以舜象相争神话叙事可能反映了先民对于家庭财产继承问题的思考。虞舜服象叙事的结果是舜的德行感动了象，但这是神话，隐含在兄弟和谐叙事背后的事实可能是嫡长子继承制的出现。嫡长子继承制就是王位或爵位，以及家庭财产由元妃（正妻）所生的第一个儿子继承。嫡长子继承制由产生到成熟经历了较长时间，还曾有过反复，基本到商王武丁时期才作为一项制度确定下来。从西周开始，嫡长子继承制从王室推广到民间，并以习俗和法律的方式将其规定下来。确立嫡长子为继承人的目的在于保障家庭财产不分散，避免削弱家庭势力和特权，有助于家族长久传承。从嫡长子继承制的角度来分析，舜象神话就显得合理许多，因为舜是具有优先继承权的嫡长子，所以他的后母与弟弟几次想要谋害他，目的就是抢夺继承权。瞽叟对后妻与小儿子的恶行不仅不阻止，还助纣为虐，也是因为嫡长子的存在使他无法将财产留给自己喜爱的小儿子。

嫡长子继承制是私有财产产生以后才出现的继承习俗与制度，但嫡长子继承制的产生却深刻地影响了兄弟之间的关系。为了防止从一出生就丧失财产继承优先权的次子、庶子们因心生不满而扰乱家庭与社会秩序，一种用以安抚次子、庶子的道德规范——兄友弟恭，也就是悌道被建构起来。长兄友爱，幼弟恭敬，家庭才能和谐，社会才能长治久安。这可能是舜象神话被不断讲述和传承的重要目的。

三

作为道德准则的孝最早是从祖先崇拜中发展起来的，所以孝的早期含义就是尊祖敬宗。春秋以前的行孝方式主要包括两方面，一是按时祭祀祖先，二是生儿育女，传宗接代，永葆祖先祭祀不断绝。将生儿育女称为"延续香火"就是这种思想和习俗的反映。从根本上说，这些行为是出于对生命的崇拜。春秋以后，由于种种复杂的原因，包括社会管理的需要，"善事父母"成为行孝的最重要内涵。《逸周书·宝典解》记录当时衡量人的九种道德标准，第一种就是孝，因为孝子不敢违抗父亲的命令，所以不敢作乱。

儒家进一步丰富发展了孝的内涵。孔子将"善事父母"与礼结合起来，提出不仅要从物质上供养父母，还要发自内心地尊重父母的观点。孟子提出"孝子之至，莫大于尊亲"和"老吾老以及人之老"的观点，将孝从家庭伦理推广为社会道德。汉以后，儒家从天人合一的理念出发，提出孝是人类从天道中感悟出来的社会法则，是神圣不可违背的。比如《孝经》提出"夫孝，天之经也，地之义也，民之行也"，孝道犹如天上日月星辰的运行，地上万物的自然生长，是不能改变的规范，是永久不变的准则，也是民众最基本的品行。基于这样的认知，在两汉时期，孝由一种道德准则上升为大一统国家的治国方针。

在中华文化史上，首先开创以孝治国先河的人是帝舜。

相传，舜的孝行和悌行得到了尧的认可，尧便进一步让舜参与部落联盟的管理工作。在管理中，舜显示了他极高的政治才能，不仅将政事处理得井井有条，在用人上还很有一套。《史记·五帝本纪》载：一方面，舜启用了尧未能启用的八恺、八元家族，他们是颛顼帝的后代。舜任用八恺的后代主管农业，任用八元的后代向四方传播教化。传播什么教化呢？就是以孝悌为核心的父慈子孝、兄友弟恭的伦理规范。这是舜借助国家

尧禅舜位，明代版画，《大魁书经集注》插图

力量对孝悌进行推行的具体措施。另一方面，舜对尧未能惩处的恶名昭著的高干子弟——混沌、穷奇、梼杌、饕餮——进行了严厉的处罚。这些凶徒皆是因为做不到孝悌而放纵自己的言行与欲望成为世人忧虑的对象，舜处罚他们的方法也并非直接处死，而是将他们放逐到蛮荒偏远之地，用来对抗更加邪恶的人。这些被认为是以孝悌之道为基础的仁政。

作为联盟首领的舜在孝悌方面以身作则，百姓便也以他为榜样，整个联盟内部民众相互友爱，温顺守礼，社会繁荣昌盛。《孝经·广要道章第十二》引用孔子的话说：教育人民互相亲近友爱，没有比倡导孝道更好的了；教育人民能够懂得温顺礼敬别人，离不开悌道。由此，舜的领导开启了上古社会繁荣昌盛的新局面。司马迁在《五帝本纪》中高度评价舜说："天下明德，皆自舜帝始。"舜因孝悌仁爱，名垂青史，为后世树立了典范。

舜行孝悌神话对中国传统社会和文化产生了深远影响。比如古代选官制度把孝悌作为重要标准和内容，孔子弟子有子说：为人孝顺又友爱兄弟而喜好冒犯上级的人，很少见；不喜好冒犯上级而喜好作乱的人，还从未有过。（《论语·学而》）也就是说，能孝顺父母和友爱兄弟的人，一般不会犯上作乱，是社会稳定的主要力量，可以选拔为官吏。《后汉书·韦彪传》引孔子的话也说：侍奉父母能够尽孝的人，将此心转移来事奉国君，也一定能够尽忠，所以"求忠臣必于孝子之门。"两汉时期的"举孝廉"就是"求忠臣必于孝子之门"的集中体现。汉武帝曾下令每二十万户中每年要推举孝廉者一人，由朝廷任命官职。被举荐的人，除了博学多才之外，更须孝顺父母、行为清廉，所以被称为"举孝廉"。在选官之外，从汉惠帝起还设置"孝悌力田"科目以选拔民众之中的表率者。"孝悌力田"科目选举的对象是孝顺父母、敬爱兄长、勤奋耕作的人，被选上的民众或被免除劳役，或被赐予钱帛。到汉文帝时期，朝廷诏令按郡县户口比例常设"孝悌力田"定员，成为郡县掌管教民务农的乡官之一。"孝廉"和"孝悌力田"两种基于孝悌道德标准的选拔科目在后世王朝不同程度地得到了沿用，对于广泛选举人才起到了一定作用。

鲧禹父子治水
与舍家兴邦的家国情怀

执耒锸大禹像，东汉画像石拓片，山东嘉祥武氏祠大禹与其父鲧是中华文化史上最著名的治水英雄，鲧为治水献出了生命，禹也留下了三过家门而不入的美谈，表现了因公忘私、舍家兴邦的家国情怀。大禹治水定九州，为中国历史上第一个国家政权夏王朝的建立奠定了基础，中国社会的经济、政治、组织制度都发生了翻天覆地的变化，由此开启了中华文明的新篇章。中国人历来抱有家国情怀，家国情怀是中华传统文化的精髓所在，体现了中华民族一脉相承的价值理念，在中华民族现代文明的建设过程中，家国情怀这一中华优秀传统精神将继续发挥重要作用。

一

世界各地都有重要的水神话，比较多见的是大洪水神话，其中知名度最高的可能是被《圣经》记录下来的希伯来人大洪水神话，也就是"诺亚方舟"叙事。这些大洪水神话几乎都有着相似的情节：神降下洪水灭亡人类，仅有极少数幸运儿躲过了这次大灾难，并成为灾后重建家园的始祖。比如古印度的大洪水神话讲述说：一个名叫马努的男人曾救过一条鱼，鱼为报恩把洪水即将来临的消息告诉了马努。马努造了一条船，鱼拖着船越过一座座高山，驶向喜马巴托山。上岸后，马努重新创造了世间的一切；又如被西方学者认为产生时间最早的苏美尔人的洪水神话讲道：乌特纳皮什提姆从前住在一个芦苇棚里。有一天他听到神喊叫说洪水即将来临，让他造一艘船，将活的物种都运到船里。后来果然下了六天六夜暴雨，大洪水淹没了一切，除了那艘船。到了第七天，乌特纳皮什提姆分别放出鸽子、燕子和乌鸦探查水情。得知洪水退去后，乌特纳皮什提姆向诸神献祭，主神为他和妻子赐福，使他们得到永生。

中国西南地区也发现有类似的口传大洪水神话，讲述了大洪水淹没一切后，幸运活下来的兄妹二人相互婚配繁衍人类的故事。但这些大洪水神话仅存在于西南部分少数民族中，并没有在更广阔的地域中造成影响，在中国，无论是历史上还是当代，最著名的水神话一直是大禹治水神话。当然，这并不意味着早期中原或其他地区没有存在过大洪水神话，因为根据科学研究，大约在距今 1.2 万年前，由于最后一次冰河期结束，全球变暖，冰川融化，各大洋水量猛增，大量陆地被淹没，由此形成过全球性的大洪水。基于对这次大洪水或其他真实存在过的大洪水的集体记忆，各古老民族都创造和传播了大洪水神话。中原地区早期流传比较广泛的大洪水神话可能是共工神话。共工是一位来自图腾时代的古老洪水神，相传他能纵水为害，常为先民带去巨大灾难，因此其早期神话形象往往异常凶恶，如《神异经》记载说：西北部的荒野中有一位人头蛇躯，满头红发的神。他什么都吃，为人间制造灾害，名为共工。但共工后来失去了原始洪水神的神格，被改造为好斗而擅水战的部族首领，演绎了充满抗争精神的怒触不周山叙事。

大洪水神话没有在中国形成有影响的叙事是一个特别值得讨论的现象。大洪水神话意味着人类向自然力屈服，而治水神话则代表着人类试图控制自然力，所以我们有理由认为治水神话成为中国最重要的水神话是世代中国人的共同选择。在大多数人被洪水毁灭和少数人幸运存活之间，中国人选择了共同抗击洪水，一起重建家园。古人其实也并没有忘记曾经发生过的大洪水，古籍中记录的许多治水神话叙事都以"昔"字开头，如"昔者鲧违帝命，殛之于羽山，化为黄熊以入于羽渊"（《国语·晋语八》）。"昔"的甲骨文字形基本是上"日"下"水"的"🝉"或上"水"下"日"的"🝊"，表现了洪水吞噬大地的景象。有学者认为先民创作"昔"字的目的是"取义于洪水之日"，代表古人不忘洪水之灾。

大禹治水神话，准确地说应该是鲧禹治水神话，塑造了父子两代治水英雄——大禹和他的父亲鲧。

《山海经·海内经》记载说：洪水滔天，鲧偷盗了天帝的宝物息壤，在一片汪洋之中创造出土地。但鲧的行动并没有得到天帝的批准，天帝因此命令火神祝融在羽郊处死鲧。这是鲧为天神的神话版本。《史记·五帝本纪》记录了另一个鲧为部族首领的神话版本：尧为部落联盟首领时，发生了大洪水，洪水包围高山，淹没丘陵，很久都没有退去。尧询问谁能治水，众臣推荐了鲧。尧说鲧违背天命，毁败同族，不堪大用，但因为没有更合适的人选，还是任用了鲧，可惜他治水九年都没有取得成功。天神版本的鲧神话说，鲧被处死以后灵魂未灭，化为黄熊（也有说黄能，即三足鳖）跳入了羽渊。躯体死亡而灵魂不死，人形与兽形之间可以变形转换，这些都是典型的原始神话思维，可以证明鲧神话的古老性。

试鲧治水图，清代版画，《钦定书经图说》插图

早在战国时期，鲧神话在流传中就出现了诸多版本，造成了叙事情节互相矛盾的情况，屈原也无法理解，于是在《天问》中提问说：如果鲧没有治水能力，众人为何推举他？众人都说不用太担忧，为何不让他试着去做呢？鸱龟拖土衔泥，鲧为何听从它？……鲧向西行而受阻，如何越过冈岩？鲧既然已经化为黄熊，巫师怎样使他回复人形呢？鲧教民众播种黑黍，清除杂草，为何却被摒弃，认为他恶贯满盈呢？这些问题，我们现在更无法回答。但值得注意的是《天问》提供了许多早期鲧神话的内容信息，比如鲧在化为黄熊以后，曾越过冈岩向西方（可能是西王母所居的昆仑山）去寻求巫师

的帮助，试图恢复人形。在求药过程中，鲧见到遭遇洪灾而流离失所、忍饥挨饿的灾民，他还教授灾民如何种植抗涝能力较强的黑小米。

如此看来，鲧应该是继盘古和女娲之后最有牺牲精神的祖先神，因此长期为先民所敬仰和歌颂。《左传·昭公七年》载，鲧是夏王郊祭的重要对象，商和周都延续了郊祭鲧的传统。郊祭是由天子亲自主持的隆重典礼，夏商周三代天子郊祭鲧的事实说明鲧神话在华夏早期社会发展中具有重要影响。

禹是鲧的儿子，《山海经·海内经》说：鲧被祝融杀死以后，从腹部生出了禹。屈原在《天问》中以问题的形式对"鲧腹生禹"神话情节进行了补充，他问道：鲧的尸体为何三年没有腐烂？禹是如何从鲧的肚子里生出来的？《路史·后纪》引《归藏·启筮》给出了一个回答：有人用吴刀从鲧的腹部剖出了禹。吴刀是古代名刀，相传产自吴地，其刀刃极其锋利，有学者认为这一段文字记录了我国文化史上第一场剖腹产手术。在另外一些神话叙事中，鲧有一位妻子，名为修己，相传修己吞了一颗像薏苡那么大的神珠后有了身孕，然后剖腹产下了禹。禹母生禹神话是感孕与剖生两种神话主题的组合，产生时间相对较晚。

在先秦甚至更早以前，鲧和禹就被塑造为最早治理洪水的部族首领。《山海经·海内经》写道："禹、鲧是始布土，均定九州。"禹与鲧是最早治理洪水的人，他们还划定了疆域。《诗经·商颂·长发》也歌颂了大禹的治水功绩："洪水芒芒，禹敷下土方。"但与父亲不同的是，禹治水取得了成功。不同治水方法的对比是鲧禹治水神话的重要内容。较早将鲧、禹塑造为成败对立、命运相反的神话被记录在《国语·周语》中：有崇氏伯鲧，放纵了他骄横淫逸的念头，称赞并实施了共工的错误做法，最终治水失败，帝尧在羽山诛杀了他。他的儿子禹反省了父亲的做法，修改制定了新方法。禹效法天地万物的形象，比照各种旧制度，听取百姓的意见，以是否有利于万物生长为准则，从而取得了治水的成功。这一段文字后来被铺陈为鲧以堵塞法治水，禹以疏导法治水的神话，影响很大，至今我们仍在使用的俗语"堵不如疏"就源自于此。

相传，大禹治水时贯彻了从民众需求入手，尊重自然的原则，不仅受到了民众的拥护，还得到了神兽的帮助。《拾遗记》载：大禹致力于疏导沟渠，开凿河道，他高尚的道德引来了黄龙和玄龟。黄龙拖着尾巴在前面走，尾巴所过之处，就会形成河道。玄龟驼着青泥在后面跟着，如果需要就用青泥填埋洪水。黄龙也写作"应龙"，《天问》中有"应龙何画，河海何历"之问，记录的是同样的情节，意思是应龙摇尾如何画成河？所画之河怎样流入大海？应龙，相传为最高等级的神龙，曾杀死蚩尤与夸父。

鲧禹不同治水方法的对比叙事其实反映了先民在治水过程中的漫长探索。最初的治水方法是简单填土，即堆土避水或者将低洼地方垫高。大约在新石器时代，先民在堆土避水、拦水的基础上，发展出更先进，具有更高技术水平的治水方法，即疏导治水。疏导治水的要点是疏通水道，开凿水道。考古发现，新石器时代先民已经有了比较成熟的原始水渠技术，比如浙江省杭州市茅山遗址中发掘出土的良渚文化稻田遗迹就是由河道、河堤、灌溉水渠和田埂构成的。

二

三过家门而不入是中国人最熟悉的大禹神话情节，塑造了因公忘私，舍小家为大家的大公无私的首领形象。

如《史记·五帝本纪》载：大禹伤痛于父亲治水无功被杀，便夜以继日地苦干，在外面住了十三年，几次路过家门也不敢进去见亲人。但《五帝本纪》仅仅将其作为人物史迹记录，并没有展开详细描述，另外一些文献的叙事更复杂，也更生动有趣。

相传大禹常年在外奔波，年近三十也未婚娶，大家都担心他错过婚育的正常年龄。但大禹并不着急，说他要娶亲的时候一定会有某些征兆。《吴越春秋·越王无余外传》载：大禹在涂山附近治水时，有一只九尾白狐来拜访。白色是大禹礼服的颜色，九尾是王者的象征，涂山民歌中有白色九尾狐是家族繁荣昌盛象征的内容。大禹认为这就是征兆了，于是便娶涂山氏族长的女儿女娇为妻。《吕氏春秋·音初篇》记录说：大禹虽与涂山氏女两情相悦，但因要赶赴外地考察水情，没有成婚便匆匆分开了。

启母涂山，明代版画，新安汪氏辑绘图本《列女传》插图

涂山氏女思禹心切，派侍女在涂山南坡日夜等待心上人归来。等了许久也没有等到，涂山氏女就唱了一首情歌《候人兮猗》，以抒发自己等候心上人的焦急和无奈。这首情歌渐渐成了南方流行的民歌，周公和召公到南方采风时，将它采录为《周南》《召南》的素材。

大禹与涂山氏女成婚不久便生下儿子启，但忙于治水的大禹缺席了妻子怀孕、生子的全过程。《史记·夏本纪》记录大禹自述说："予娶涂山，辛壬癸甲，生启，予不子，以故能成水土功。"意思是，我在辛日娶了涂山氏女，到了甲日就离家去治水。涂山氏生了儿子，我也不曾在家中尽到抚育的责任，所以才能取得治水的成功。"辛壬癸甲"是天干记日的序数，古人曾以天干记日，从甲日到癸日的十日为一旬，第二旬继续从甲日开始，因此辛日、壬日、癸日、甲日其实是连续四日。《水经注·淮水》载：因为大禹新婚在辛壬癸甲四日，江淮一带由此形成习俗，以每月的辛、壬、癸、甲四日为男婚女嫁的好日子。

上述这些属于大禹的婚姻神话，神话的传播目的并非单纯歌颂大禹与涂山氏女的爱情和大禹因公忘私的品格，还在于树立一种夫妻伦理关系的范本。

　　夫妻伦理是中华传统人伦关系的重要组成部分，《礼记·礼运》将其概括为"夫义、妇听"，即丈夫守义，妻子顺从。《大戴礼记·本命》也说："妇人，伏于人也，是故无专制之义，有三从之道：在家从父，适人从夫，夫死从子。"传统夫妇伦理要求妻子绝对服从丈夫，正如大禹婚姻神话中的涂山氏被塑造为一个标准贤内助。涂山氏神话后来被收入汉代《列女传》，作者刘向赞扬她强于教诲，在大禹缺席的岁月中，依然能够很好地教育儿子启，最终使启成长为一个合格的继任者。《列女传》的创作背景是汉成帝宠幸赵氏姊妹而疏于朝政，导致政权旁落。针对汉成帝惑于赵飞燕姐妹的行为，许多朝臣上书讽谏，甚至不乏当面劝解、批评，而身为皇室宗亲的刘向则作了一部《列女传》，意图用历史人物的故事对成帝进行劝诫。"启母涂山"神话记录在《列女传》卷一"母仪传"中，虽然排列在"大舜后妃""弃母姜嫄""契母简狄"之后，但却是唯一一位不仅辅助了圣王丈夫，也同时将儿子教养为王的女性，显然是刘向竖立的最成功的后妃楷模。经过刘向及其同好们的传播，涂山氏贤内助和伟大母亲的光辉形象被树立起来，男主外、女主内的夫妻关系也得到了强化，影响深远。

三

2002 年，北京保利艺术博物馆从海外文物市场购买回一件国宝级的青铜器——西周中期遂国铸造的祭祀礼器"遂公盨"（又名豳公盨、燹公盨）。该铜器底部有 10 行 98 字的铭文，讲述的正是大禹神话。铭文大意如下：上天命大禹下界治水，他随山刊木，疏浚河川，还根据各地水土条件设置不同的贡赋。大禹施恩德于民众，民众像爱戴父母那样爱戴他。从内容来看，遂公铸造此鼎的目的在于阐述大禹的德行与德政，号召大家以德行事。该铭文记录了西周流传的大禹神话，与今日可见的《诗》《书》内容有不少一致的地方。很明显，大禹在西周时期已被塑造为君臣共同学习的楷模。可以说，大禹神话是中华创世神话中最重要、最有影响力的篇章，这主要与大禹被视为将早期华夏带入国家文明的第一人密切相关，很多大禹神话主题都围绕国家诞生展开。

一部分神话叙事表现了大禹逐步掌握最高权力的过程，最典型的就是禹会涂山叙事。大禹在治水过程中，通过和平劝服或武力征服，逐步统一了各部族力量，并在涂山举行了一次会盟。《淮南子·原道训》讲述说：从前夏鲧建造了九仞高的城墙，然而各部族背叛了他，海

外的人也离心离德。禹知
道天下的人将要叛离，于
是便毁掉城墙、填平护城
河，把财物分给民众，销
毁兵甲武器，对人民广施
恩德，使海外异族又来归
服，四方诸侯（其实是部
族首领）纷纷进献贡物。
禹在涂山召集天下诸侯会
盟，当时"执玉帛者万
国"。"执玉帛"即带着象

大禹图，清代版画，《钦定书经
图说》插图

征臣服与和平的玉器、丝帛，"万国"是虚指，意思是很
多部族首领都来参加会盟。这一段叙事是成语"化干戈
为玉帛"的源头。禹会涂山神话一定程度上反映了原始
社会末期部族会盟的真实情况。考古工作者曾在神话中
禹会涂山的发生地——安徽省蚌埠市涂山脚下的禹会村
发掘出土了约距今 4500 年，与大型盟会和祭祀活动相关
的禹墟遗址。

通过不断会盟，大禹的权威得到了前所未有的增强，
甚至掌握了对部族首领的生杀大权，相传他曾下令斩杀

太湖流域最强大的部族首领防风氏。《吴越春秋》记录此神话说：大禹为帝舜服丧三年后继位，他考核官吏政绩，确定执政方针，然后巡游全国。巡游结束返程途中，大禹登上了越地的茅山（即会稽山）。大禹在茅山上祭祀四方神灵，各地首领都赶来参与，唯独防风氏迟到，大禹便下令将其斩杀，以彰显其天下之主的威严。

大禹娶涂山神话也可以视为权力集中的一种叙事。大禹与涂山氏女的联姻实际上代表了淮夷部族与大禹部族的联盟，而这场婚姻很可能与大禹征讨作乱的三苗，以及进一步平治水土的任务密切相关。只有与涂山氏所代表的淮夷部族以联姻方式结合在一起，大禹才能完成平治水土的任务，才有力量征讨远方的三苗。《世本·帝系》《史记·夏本纪》《尚书·益稷》等文献都记录了大禹娶涂山氏的神话。司马迁认为，成功的帝王不仅具有美好的品德，更得到了外戚的帮助，他在《外戚世家序》中评价说：夏朝的兴起正是因为有涂山氏。

有些神话重点讲述了大禹在治水过程中帮助民众恢复生产，为国家诞生奠定经济基础的神话，体现了大禹养民、厚生的执政理念。《尚书·大禹谟》记载大禹自述治国安邦的策略为："德惟善政，政在养民。水、火、金、木、土、谷惟修，正德、利用、厚生唯和。"帝德在于施行善政，善政的根本在养民，也就是让民众生活得好。除了水、火、金、木、土、谷这六件事需要治理之外，还必须端正民众的德行，为民众的物用提供便利，使民众的生活富足起来。正如《史记·夏本纪》所写，大禹到山上治水时，率众捕捉鸟兽，用来补充民众的口粮。大禹疏通江河时，也率众捕捉鱼鳖，为民众补充口粮。大禹不仅命令后稷将民众平时难得吃到的鸟兽鱼鳖之类的肉食分给他们，还将富足地区的食物平调至灾区，或将居住在缺少食物地区的百姓迁徙到相对富庶的地区。

特别能体现大禹厚生、养民思想的是《国语·周语》等文献中记录的大禹在治水过程中总结出来的"高高下下""钟水丰物"的方法。"高高下下"就是将那些不能顺利导入大河的小水聚集为沼泽，不仅对治水工程没有阻碍，还能为民众提供水泽的便利和鱼鳖等食物。"钟水丰物"就是结合农业生产的需要，修筑水库，积蓄部分洪水供天旱时浇灌农田。比起全部引流，高高下下、钟水丰物的方法显然更科学合理，不仅有利于保障民生，也有利于农业生产的恢复发展。

孔子特别赞赏大禹的执政思想和道德品质，在《论语·泰伯》中评价说：对于禹，我没有什么可挑剔的了，他"菲饮食而致孝乎鬼神，恶衣服而致美乎黻冕，卑宫室而尽力乎沟洫"。因此，孔子在《礼记·仪运》中将大禹视为比大同社会低一级的理想社会——小康社会的开创者。

作为国家诞生叙事，禹定九州是大禹神话最重要，也是流传最广泛的主题之一。如《山海经·海内经》载："帝乃命禹卒布土，以定九州。"《左传·襄公四年》载："芒芒禹迹，画为九州。""州"是水中陆地，洪水泛滥时，人们多居住在"州"上，大禹按这些自然形成的"州"来组织人力治水，治水成功后，这些州便具有了行政区域的性质，分别被命名为冀、兖、青、徐、扬、荆、豫、梁、雍九州。九州的划分今天看来很粗糙、很原始，但它却是世界上第一种科学的行政区划成果。

大禹对九州的划分，突破了以血缘关系为基础的氏族部落的界限，而划分九州之后实施的分封制，比如把尧的儿子丹朱封在唐，把舜的儿子商均封在虞等，则以地缘政治分区代替了血缘政治分区，既能让地方得到有效管理，又能保证国家权力有坚实可靠的基础，从而使九州成为一个整体，将原始社会带入国家文明。禹定九

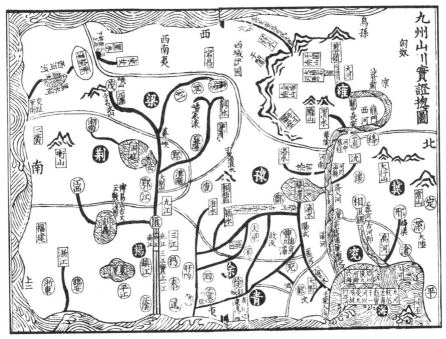

九州山川实证总图，南宋雕版墨印地图，《禹贡山川地理图》插图

州神话影响异常深远，不仅"九州"成为中国的代名词，古州之名也沿用了很久，有些甚至流传到了现代。比如冀为河北简称，现在河北省衡水市还有冀州区。豫为河南简称，汉武帝时期也置豫州。此外，今山东省有青州市，江苏省有徐州市、扬州市，湖北省有荆州市等。

作为国家诞生叙事，禹定九州神话还涉及早期贡赋制度的建立。《尚书·禹贡》记录了大禹根据各州不同的自然环境和物产，确定相应贡物，制订出上上、上中、上下、中上、中中、中下、下上、下中、下下九种赋税等级。如淮河与大海之间的古扬州，修竹密布、青草茂盛、树木高大、土壤黏湿，田地被划为第九等，田赋主要为第七等，也夹错着第六等。古扬州向中央交纳的贡物包括金、银、铜、美玉、美石、竹子、象牙、犀牛皮、鸟羽、牦牛尾、木材、贝锦、橘柚等。贡赋制度是统治者为维持统治而建立的一种国家行政制度，它的执行是地方承认中央统治的重要标志。九州中既有大禹统治的核心区，也有边疆地区，九州民众来自生产生活习俗与语言各异的不同部族，大禹按照自然条件和地理位置建立起来的九等贡赋制度，将不同部族组合为一个整体，为中国早期统一的多民族国家的出现奠定了基础，大禹创世神话也由此成为中华民族最重要和最有影响力的创世神话之一。

鲧禹父子治水神话中所体现的舍家兴邦的家国情怀，是中国人精神谱系的根基与血脉，也是中华优秀传统文化、革命文化和社会主义先进文明一以贯之的精神基因。在中国特色社会主义新时代，传统的家国情怀得到了进一步淬炼，实现中华民族伟大复兴的中国梦就是新时代家国一体的最新表述。

图书在版编目(CIP)数据

创世神话与中华文明探源/毕旭玲著.—上海：
上海人民出版社,2023
ISBN 978 - 7 - 208 - 18415 - 2

Ⅰ.①创… Ⅱ.①毕… Ⅲ.①神话-研究-中国 ②中
华文化-研究 Ⅳ.①B932.2 ②K203

中国国家版本馆 CIP 数据核字(2023)第 131863 号

责任编辑 郭敬文
封面设计 水玉银文化

创世神话与中华文明探源
毕旭玲 著

出　版　上海人民出版社
　　　　　(201101　上海市闵行区号景路 159 弄 C 座)
发　行　上海人民出版社发行中心
印　刷　上海商务联西印刷有限公司
开　本　720×1000　1/16
印　张　14
插　页　2
字　数　105,000
版　次　2023 年 8 月第 1 版
印　次　2023 年 8 月第 1 次印刷
ISBN 978 - 7 - 208 - 18415 - 2/B · 1702
定　价　65.00 元